Schemann
Das Masematte-Jahr

Wolfgang Schemann

Das Masematte-Jahr

Die 50 vielleicht wichtigsten „Jahrestage“ eines Masemattenfreiers

Titel-Illustration sowie Illustrationen im Buch
Arndt Zinkant

1. Auflage 2022

Printed in Germany

Gedruckt auf säurefreiem, alterungsbeständigem Papier ♾

ISBN 978-3-402-24941-3

Inhalt

Die Verwandlung der Masematte

Die Masematte hat im Laufe der Zeit eine beinahe unglaubliche Verwandlung erlebt – vom meist argwöhnisch beäugten Kauderwelsch in diversen Problemvierteln der Stadt zur allseits beliebten Kultsprache, die man getrost zu den münsterischen Sehens- bzw. Hörenswürdigkeiten zählen darf.

Der Reihe nach:

Die Masematte ist um die Mitte des 19. Jahrhunderts entstanden und hat sich vor allem im Kuhviertel und in Klein-Muffi, in Pluggendorf und im Bereich Sonnenstraße zu einer Art Geheimsprache entwickelt. Die Zutaten waren Jiddisch, Rotwelsch, Romanes und Niederdeutsch.

Das Ende der ursprünglichen Masematte kam mit dem Nationalsozialismus. Viele Bewohner dieser Stadtviertel wurden vertrieben, verfolgt oder ermordet, weil sie nicht ins Weltbild der Machthaber passten. Und der Zweite Weltkrieg tat ein Übriges, er legte große Teile der Innenstadt in Schutt und Asche. Am Ende waren die Masematte-Milieus weitgehend zerstört und ausgelöscht.

Doch die Masematte bekam eine zweite Chance, weil viele Münsteraner den besonderen Reiz dieser ehemaligen Geheimsprache entdeckten. Aus dem Kauderwelsch wurde Kult. Und das hat sich über all die Jahre bis heute gehalten.

Apropos, Jahre: Die heißen auf Masematte Jennikes. Aber die Masematte kennt keine Worte für die Monate, auch nicht für Ostern, Pfingsten oder Weihnachten. Denn die Masematte hat einen sehr überschaubaren Wortschatz, insgesamt sind es nur gut 500 Wörter. Aber dennoch kann man trefflich über alle Stationen eines Jahres von Neujahr bis Silvester, von Ostern bis Weihnachten, vom Tag des Regenwurms bis zum Tag der Jogginghose labern, palavern und rakawelen.

Ist das nicht jovel?

Tofte Vorsätze

NEUJAHR

Alle Jennikes wieder: Das neue Jahr wird gern mit hamel Trallafitti begrüßt. Manche Leute machen Bambonum mit Böllern, andere schucken ihren Freunden Masselschassörken – und in irgendwelchen Bendinen tragen Schicksen und Schauter an diesem Tag rote Untermeier und rote Bräseplinten. Und ganz viele versuchen auszubaldowern, was sie im neuen Jahr besser machen könnten – sie fassen tofte Vorsätze, wie sich das schmust.

Manche wollen endlich ihre schumme Plautze loswerden und machen dafür das, was sich Diät schmust. Wer sich für besonders mucker hält, der macht gleich bes oder kimmel Diäten auf einmal. Damit, wie Masemattenfreier Hermann schmonselt, man auf alle Fälle auch genug zu frengeln kriegt …

Andere wollen endlich mit dem Quarzen aufhören und keine Zichte mehr inne Feme nehmen. Sie bicken sich erstmal bes neue Schanelen – und müssen dann dibbern, dass die ebenfalls qualmen.

Wieder andere wollen Veggie werden, also künftig keine Bose mehr achilen. Und scheitern schon am Neujahrstag hamel kläglich, weil Opa zur Feier des Tages ein Schassörken aufn Grill geschmissen hat.

Und dann sind da noch die, die immer zu spät angeschemmt kommen. Einer von denen schmust sich Helmut. Er hat schon im November rakawelt, wie sein Vorsatz für das neue Jahr ausroint: Er wolle immer dibbern, was der Osnik schmust, damit er pünktlich ist. Aber dann hat er es wieder mal vermasselt: Als er im neuen Jahr zum ersten Mal auf den Osnik rointe, schmuste der schon den 8. Januar …

Venti, der tofele Masemattenfreier, ist ein Seeger, der gerne auch makeimt, was er rakawelt. Und er hat sich deshalb schon vor Jennikes vorgenommen, dass er Neujahr laulone tofte Vorsätze fasst: „Ist ja doch alles bloß Figine!"

***Neujahr** ist der erste Tag des Kalenderjahres. Es gibt viele Bräuche, mit denen dieser Tag begangen wird. Darüber hinaus ist es weit verbreitet, am Neujahrstag gute Vorsätze für das neue Jahr zu fassen.*

Tag der Blockflöte (10. Januar)

Kein Stoof mit den Nachbarn

Blockflöte schmust sich ein Musikinstrument, das viele Seegers und Kalinen ihren Koten bicken. Und das meist aus gleich bes Gründen. Zum einen wollen sie ihren Koten damit verknickern, dass Musik was Toftes ist. Und zum anderen wollen sie damit verhindern, dass die Koten nach anderen Instrumenten dibbern – nach Trompeten (machen zu viel Randale), nach Klavieren (sind viel zu jackes) oder nach Dellzeug (gibt Stoof mit den Nachbarn).

Obwohl: Wenn die Koten den ganzen Tag mit der Blockflöte Bambonum machen, kannze auch Lauschermalessen bewirchen. Deshalb hat so mancher Seeger seinen Koten verkasematuckelt, dass sie nur an einem Tag in der Woche mit den Blockflöten rummachen dürfen. Und das ist dann der Tag der Blockflöte.

Es gibt auch welche, die labern, dass der Tag der Blockflöte aus der Bendine kommt, die sich DDR schmuste. Denn da konnze damals nämlich ganz besondere Blockflöten kneistern: Parteien, die von denen, die in der DDR das Rakawelen hatten, mänglowiert wurden, damit das Ganze ein bisschen nach Demokratie ausroinen sollte. Und die Volksgosche schmuste diese Polit-Mischpoken Blockflöten – wohl weil sie im Staatsorchester ein bisschen mitmakeimen durften, ohne dasse wirklich was davon gemuckert hast …

Den ***Tag der Blockflöte*** *gibt es seit 2007. Seine Ursprünge sind nicht geklärt, die Initiative soll von einem Online-Portal gekommen sein.*

Weltknuddeltag (21. Januar)

Fast so jovel wie kuscheln

Knuddeln ist tofte, fast so jovel wie kuscheln oder knutschen. Und auf jeden Fall besser als burken oder dellen. Deshalb ist auch der Weltknuddeltag tofte. Denn wenn die Leute mehr knuddeln, gibt's weniger Stoof, Brassel und Bambonum.

Aber natürlich kannze nicht einfach jeden knuddeln, der auffe Strehle rumteilacht. Denn wennze jemanden knuddelst, der das laulone will, kannze auch hamel Stoof bewirchen.

So gilt beispielsweise für Kalinen: Du kannst nicht einfach auffe Maloche vor versammelter Mischpoke den Obermacker beknuddeln und ihm dann schmusen: „Ey Macker, können wir jetzt mal über eine höhere Bewirche labern?"

Und für Seegers gilt: Du kannst auffe Maloche nicht einfach das Anim ausse Kneteabteilung, auf das du schon länger ein Rölleken geworfen hast, inne Teeküche beknuddeln und dann rakawelen: „Na Kalinchen, schon was vor heute Abend?“

Also gilt: Du kannst am Weltknuddeltag andere nur dann knuddeln, wenn du Zerche hegst, dass die auch geknuddelt werden möchten.

*Der **Weltknuddeltag** (21. Januar) wurde 1986 von dem amerikanischen Pfarrer Kevin Zaborney begründet. Er soll den Menschen erleichtern, einander näher zu kommen und Gefühle in der Öffentlichkeit zu zeigen.*

Tag der Jogginghose (21. Januar)

Ein hamel wichtiges Koweteil

Die Plinte ist ein wichtiges Koweteil, vor allem für die Seegers. Dementsprechend groß ist die Auswahl in den Klamottenkabachen. Da dibbert man dicke und dünne Plinten, solche, die jackes sind, und solche, die besolt sind, da gibt es Hei-Pocket-Plinten, Cordgolmen und Businessbossen. Und es gibt Joggingplinten.

Joggingplinten trägt man, wenn man joggt, also irgendwo inne Bendine rumpäst, wenn man zum Flemmen, zum Plümpsen oder inne Schmackeskabache schemmt. Oder wenn man auf dem Sofa pooft. Aber es gibt Seegers, die den ganzen Tag mit Joggingplinten rumscherbeln. Karl Lagerfeld, ein bekannter Kowenmalocher und Klamottenspezi, fand, dass das hamel schofel ausroint. Wer Joggingplinten trägt, so hat er mal geschmonselt, dem sei die Kontrolle über sein Leben plete geböscht.

Trotzdem finden viele die Joggingplinte einfach jovel. Weil sie so bequem ist, da kannze dich hamel mit hinfläzen oder rumlümmeln. Und am Tag der Jogginghosen kannze mit der Schlabberplinte auch mal übern Prinzipalmarkt teilachen, in deine Stammkaschemme scherbeln oder ins Büro schemmen – na ja, jedenfalls dann, wenn der Obermacker auch ein Joggingplintenfan ist.

Der ***Internationale Tag der Jogginghose*** *wurde 2009 von vier österreichischen Gymnasiasten ausgerufen – und wird dank Social-Media-Unterstützung mittlerweile in mehr als 50 Ländern begangen.*

Mit Trallafitti-Spektakel

Die Kalinen und Seegers, die hier inne Bendine leben, die schmusen sich Westfalen. Und die sind auch so. Das heißt, Westfalen werden nicht gleich nerbelo oder kolone, wenn einer irgendwo „Helau“ oder „Alaaf“ bölkt.

Trotzdem haben auch die Westfalen bisweilen hamel Jontef an der Narretei. Und das vor allem an kimmel Tagen:

An dem Tag, der sich Altweiberfastnacht schmust, haben die Anims das Rakawelen. Und wennze da als Seeger so rumteilachst, musse mucker sein, dasse dir nicht mitte Plotte die Krawatte besäbeln. Aber sowas kannze heutzutage nur noch selten dibbern. Denn es gibt ja kaum noch Seegers, die sich so'n Kulturstrick um die Strotte binden.

Am Karnevalssonntag knöpft der Prinz – das ist der Obermacker der närrischen Mischpoke – dem münsterischen Oberbürgermacker die Schlüssel des Kaffs ab und hat dann für drei tofte Tage das Rakawelen. Und dann liest er eine Fleppe vor, die sich Bulle schmust. Da steht drin, was er ausklamüsert hat, um das Kaff noch ein bisschen joveler zu machen.

Am Rosenmontag schemmen die Narren dann richtig auffe Strehle – mit einem Trallafitti-Spektakel, das sich Rosenmontagstralli schmust. Da dibberst du schmissige Musik-Mischpoken, Maukenschemmer-Gruppen mit kunterbunter Kowe – und viele Jontef-Wuddis, die das auffe Lapane nehmen, was im Kaff so passiert ist. Und was besonders tofte ist, vor allem für die Koten: Es maimelt Kamelle.

Am Aschermittwoch böscht der Karneval dann wieder plete. Dann ist erst mal laulone mit Schallern und Schwofen, Spachteln und Schickern. Und das schmust sich dann Fastenzeit.

*Der **Karneval** ist quasi das letzte fröhliche Aufbäumen vor der 40-tägigen Fastenzeit. Höhepunkt ist der Rosenmontag mit den großen Umzügen. Der frühestmögliche Termin für den Rosenmontag ist der 2. Februar, der spätestmögliche der 8. März.*

Fastenzeit (Februar/April)

Kein Bock auf Süßkram

Nach den toften Tagen, die sich Karneval schmusen, folgt eine Jahreszeit, die viele hamel schofel finden. Sie schmust sich Fastenzeit. Keine Zerche, was Fasten ist? Fasten wär, wennze das, wasse hamel gerne achilst, mal ne Weile nicht anfasstest …

Die Fastenzeit beginnt meist damit, dass du deinen Koten verklickerst, dass jetzt mal woff Wochen laulone mit Schlickern ist. Was die vor allem deshalb schofel finden, weil sie noch einen halben Eimer mit Kamelle vom Rosenmontagszug in ihrem Kabuff hegen.

Damit du keinen Stoof mit deinen Koten bewirchst, musst du natürlich auch fasten. Aber wie?

Du könntest ja mal auf die Zichten verzichten. Aber das hat die letzten drei Jennikes schon laulone geklappt.

Wie wär's mit den Lowinen? Aber was sollst du dann picheln, wennze dich mit deinen Kumpels zum Doppelschero in der Kaschemme „Zur kuranten Kowerine" triffst? Nur Pani? Dann bewirchste Stress mit deinen Kumpels. Nur Schabau? Dann bewirchste Stress mit deine Leber.

Bis Ostern keine Bose? Geht auch nicht. Schließlich hast du für deine Kaline – und ein bisschen auch für dich – zu Weihnachten für hamel viel Lowi einen neuen Luxus-Grill gebickt, der nun endlich mal ausprobiert werden muss. Bose und Bezinnum liegen schon im Kühlschapp.

Deine Koten kneistern schon ungeduldig. Also verkasematuckelst du ihnen mit zerknirschtem Ponum, dass du in den nächsten Wochen auch keinen Süßkram achilst. Die hegen ja noch keine Zerche, dass du sowieso keinen Bock auf Schlickern hast …

*Die **Fastenzeit** beginnt am Aschermittwoch und dauert bis Ostern. Christen versuchen in dieser Zeit, auf irgendwelche Annehmlichkeiten zu verzichten – beispielsweise auf Nikotin oder Alkohol, Fleisch oder Fernsehen.*

Valentinstag (14. Februar)

Morgenachile statt Blumen

Der Valentinstag ist ein Tag für alle, die ein toftes Techtelmechtel hegen oder die schon vergasselt sind. Und natürlich für die Masematter, die Blumen, Pralinen oder Klunker verscherbeln. Denn die warten vor dem Valentinstag darauf, dass jede Menge Seegers anschemmen, um für ihre Kalinen Geschenke zu bicken.

Viele Seegers haben keinen Bock, diesen Reibach-Tinnef mitzumachen. Schließlich kann man auch den Valentin für die Kaline spielen, ohne Blumen, Pralinen oder Klunker zu kindigen.

Du schleichst also morgens stikum ausse Firche, schemmst leise inne Küche und makeimst die Morgenachile, die sich Frühstück schmust. Aber nicht einfach ne Knirfte und nen Glas Pani aufn Tisch stellen, sondern alles mit viel Liebe mänglowieren. Also: Erst mal zum Karomakeimer päsen, frische Knirftchen bicken, dann Schokelamai kochen, toften Knirftenbelag auftischen, ein jovles Tischkärtchen makeimen, „Für meine kurante Kaline“ draufschreiben – und schließlich das Anim mit nem schummen Schumm wecken.

*Der **Valentinstag** am 14. Februar gilt als Tag der Verliebten. Der Legende nach geht er auf einen Bischof namens Valentin zurück, der im italienischen Terni im dritten Jahrhundert trotz kaiserlichen Verbots Trauungen durchführte – und den Paaren Blumen aus dem eigenen Garten schenkte.*

Der Malocherwurm

Der Regenwurm gehört zu den Gartenmalochern. Im Gegensatz zu den meisten Schautern und Schicksen gräbt er den Garten gerne und freiwillig um.

Besonders gerne wullackt er im Kompost, wo tofle Blätter und anderes Grünzeug rumliegen. Da ist er praktisch den ganzen Tag am Frengeln. Was am Ende aus dem Wurm als Schonte wieder rauskommt, schmust sich Humus – und ist hamel wichtig für das Pflanzenwachstum.

Übrigens: Der Regenwurm schmust sich vermutlich nicht Regenwurm, weil er so gerne durch den Regen teilacht – sondern weil er so'n reger Wurm ist. Und deshalb labern viele Masemattenfreier auch nicht vom Maimelwurm – sondern lieber vom Malocherwurm.

*Der **Tag des Regenwurms** wird seit 2005 jeweils am 15. Februar begangen. Die Ursprünge dieses Tages liegen im Dunkeln. Vermutlich wurde er von einer Umweltorganisation geschaffen, die damit auf die besondere Nützlichkeit der Regenwürmer hinweisen wollte.*

Gibt's auch Vaterrakawelen?

An diesem Tag geht's um die Muttersprache – also die Rakawele, die du als Koten von der Kaline gelernt hast, die dir das Leben geschuckt hat, die dir Tut zu pieren gegeben und die dir den ersten Schumm auffe Stirn gedrückt hat. Wobei sich der Masemattenfreier natürlich fragt, ob es eigentlich auch eine Vaterrakawele gibt. Schließlich ist der es ja, der den Koten so wichtige Wörter wie flemmen und Asse verkasematuckelt. Aber das ist eine andere Geschichte …

Insgesamt gibt es mehr als 7000 Mutterrakawelen auf der Welt. Aber Kalinen und Seegers, die Zerche davon hegen, die schmusen uns, dass die Hälfte davon droht, mulo zu gehen.

Ob die Masematte auch eine Muttersprache ist? Oder vielleicht doch nur eine Vaterrakawele? Darüber kann man lange labern. Was im Übrigen hamel tofte wäre. Denn je mehr darüber gelabert wird, desto weniger kann die Masematte mulo gehen.

*Der **Internationale Tag der Muttersprache** wird am 21. Februar begangen. Er wurde im Jahr 2000 von der UNESCO eingeführt, um die sprachliche Vielfalt zu erhalten und den mehrsprachigen Unterricht zu fördern.*

Schalttag (29. Februar)

Alle dollar Jennikes

Geburtstag feiern macht hamel Jontef. Vor allem den Koten. Aber auch die Schauter und Schicksen finden das jovel. Manche machen daraus jedes Jahr ne schumme Fete.

Aber es gibt auch Seegers und Kalinen, die nur alle dollar Jennikes Geburtstag feiern können. Weil sie an einem 29. Februar zum ersten Mal die Funzeln dieser Welt geknispelt haben. Und den kannze im Kalender nur alle dollar Jennikes kneistern.

Da fragt sich ein kochumer Masemattenfreier doch: Wer hat eigentlich diesen nerbelo Kalender ausbaldowert? Einige Monate hegen 30 Tage, andere 31. Nur der Februar hegt 28 – wenn er nicht gerade 29 hat. Hätte man das nicht besser mänglowieren können?

Die Schonte ist, dass ein Jahr nicht genau 365 Tage dauert, sondern fast woff Stunden mehr. Deshalb hat erst Caesar, ein Obermacker der Römer, und dann Gregor, ein Obergallach in Rom, am Kalender rumgemacht. Aber eigentlich schuld ist die Kugel, auf der wir rumschemmen und die wir Erde schmusen. Sie braucht einfach zu lange, um einmal um die Sonne zu päsen. Und deshalb musse ab und zu einen Tag zugeben.

Der ***Schalttag*** *ist der Tatsache zu verdanken, dass ein Jahr nicht genau 365 Tage dauert – sondern 365 Tage, fünf Stunden, 48 Minuten und 45 Sekunden. Und damit diese Differenz nicht dazu führt, dass Weihnachten irgendwann im Sommer stattfindet, muss ab und zu ein zusätzlicher Tag eingefügt werden. Wann und wie das geschieht, hat erst Julius Caesar (Julianischer Kalender) und dann Papst Gregor XIII. (Gregorianischer Kalender) festgelegt.*

TAG DER GESUNDEN ERNÄHRUNG (7. MÄRZ)

Tofte Achile

Heute, am Tag der toften Achile, sollze nur frengeln, was gesund ist – damit die Pumpe keinen Brassel macht und die Plautze nicht noch schummer wird. Und wennze mal dibberst, was die Schmarrer und andere Zerchen-Seeger da empfehlen, dann roint es ganz so aus, als hätte man den Tag der toften Achile auch Tag der Grünachile schmusen können. Denn wennze auf die hörst, dann kommen heute vor allem Matrelen, Mispelfinger und andere Jebbero-Achile aufn Tisch.

Von Bose und Bezinnum sollze, wenn überhaupt, nur was Kotenes spachteln. Wennze gerne mal schumme Macken vom Schassörken aufn Grill schmeißt, dann wär das heute keine jovle Idee. Dann sollze lieber bis 16. Juli warten. Da ist der Tag des guten Fleisches – oder, wie die Masemattenfreier labern, der Tag der toften Bose.

Immerhin: Wennze mal kneisterst, was die Zerchen-Seeger sonst so für eine tofte Achile empfehlen, dann steht da auch, dasse hamel picheln sollst. Aber bevor du jetzt lospäst zu deiner Stammkaschemme: Lowinen sind nicht gemeint …

Der ***Tag der gesunden Ernährung*** *wurde 1996 durch den Verband für Ernährung und Diätetik e.V. initiiert, regelmäßig am 7. März findet er seit 2007 statt. Er soll dazu beitragen, dass das Thema gesunde und bewusste Ernährung einen festen Platz im öffentlichen Bewusstsein erhält.*

Tag der Mülltrennung (7. März)

Die Malessen mit den Tonnen

Wennze was nicht mehr gebrauchen kannst, weil es machulle, beseibelt oder zu tofel ist, wenn das also weg kann – dann schmust man das Müll. Früher wurde der Müll einfach weggeschmissen. Heute musse erst das machen, was die Zerchen-Seeger Faktencheck schmusen – weil du oft keine Zerche hegst, was in welche Tonne darf.

Und weil das mit der Mülltrennung so manchen manchmal kolone macht, haben die Abfall-Hegels den Tag der Mülltrennung ausbaldowert. Der soll den Seegers und Kalinen verkasematuckeln, wie man den Müll und die Tonnen mänglowiert.

Und das päst so:

Braune Tonne: Da kommt rein, was beim Makeimen der Achile übrig geblieben ist, also beispielsweise Matrelenschalen oder Schokelamaisatz. Und das, was vonne Achile übrig geblieben ist, weil einer seinen Teller nicht leer gefrengelt hat.

Gelbe Tonne: Die ist beispielsweise für Lowinen-Dosen oder für Kronkorken vonne Lowinen-Finne. Und wenn der Mottek mal im Eimer, also kapores ist, kann er auch in diese Tonne.

Blaue Tonne: Da ist Platz für alles, was aus Papier und Pappe makeimt ist. Also auch Fleppen – bloß keine Massemattefleppen, weil die ja viel zu schauwe sind.

Graue Tonne: Die ist für Restmüll, da kannze also fast alles reintun, was laulone in die anderen Tonnen darf – beispielsweise Zichtenkippen, Windeln mit Babyschonte und die Kniest-Beutel aus dem Ding, was sich Staubsauger schmust.

Und dann gibt's die schummen Tonnen, die sich Container schmusen und die irgendwo anne Strehle stehn. Die einen sind für Finnen, für die du keine Pfandknete geblecht hast. Und die anderen sind für tofle Kowe und Masminen.

Und wennze jetzt immer noch nicht gemuckert hast, welchen Müll du in welche Tonne schucken kannst – dann bewirchste wenigstens hamel Zerche, wie wichtig der Tag der Mülltrennung ist …

*Der **Tag der Mülltrennung** soll auf den Sinn und Zweck der Abfallsortierung aufmerksam machen – und er ist zugleich eine Erinnerung an den französischen Beamten Eugène René Poubelle, der am 7. März 1884 in Paris die Abfalleimerpflicht einführte.*

Internationaler Frauentag (8. März)

Erst den Kalinismus ausklamüsert

Wennze den Seegers, die anno Tobak die Masematte ausbaldowert haben, also wennze denen geschmust hättest, sie sollten mal einen Kalinentag makeimen, die hätten dich gefragt, ob du denn wohl nerbelo wärst. Damals waren die Kalinen vor allem für Koten, Beis und Achile zuständig. Deshalb mussten die Anims erst den Kalinismus ausklamüsern, bevor sie einen Kalinentag mänglowieren konnten.

Damals ging's vor allem darum, dass die Kalinen mitlabern wollten, wenn irgendwo ein neuer Obermacker ausbaldowert wurde. Wahlrecht schmust sich das. Und sie wollten am Wahltag nicht nur die Fleppe mit dem Kreuzchen inne Urne stecken – sondern sie wollten auch selbst auffe Fleppe draufstehen, also selbst Obermacker werden. Oder, besser gelabert: Oberkaline.

Das haben die Anims auch geschafft. Schließlich war ein Anim namens Angela sogar 16 Jennikes Oberkaline in Berlin. Aber sonst ist noch längst nicht alles tofte. Im Bundestag und im Ratbeis, in den Vorstandskabachen der Balachesenbacks und der schummen Firmen, da sitzen immer noch viel mehr Seegers als Kalinen. Und sie bewirchen meist auch mehr Knete.

Deshalb rakawelen die meisten Anims, dass der Kalinentag weiter wichtig sei. Und einige Anims fordern, was auch viele Seegers hamel jovel fänden: Dass der Kalinentag, wie in der Bendine, die sich Berlin schmust, ein Feiertag werden soll.

Der ***Internationale Frauentag*** *ist aus einer Initiative sozialistischer Organisationen entstanden. Erstmals wurde er 1911 begangen. Damals ging es vor allem um die Gleichberechtigung und das Wahlrecht der Frauen. 1975 erklärten die Vereinten Nationen den 8. März zum „Tag für die Rechte der Frau und den Weltfrieden". In einigen Ländern ist der Frauentag ein offizieller Feiertag, in Deutschland nur in Berlin.*

Mit Zahlen mänglowieren

Wennze mal ein paar Schauter oder Schicksen fragst, welche Fächer sie auffe Penne besonders tofte fanden, dann bewirchste viele verschiedene Antworten. Aber bis mal einer rakawelt, er habe Mathe immer echt jovel gefunden, da kannze lange warten. Denn die meisten haben mit Mathe nix am Obermann.

Dabei ist Mathe hamel wichtig. Denn wennze nicht richtig mit Zahlen mänglowieren kannst, dann kann passieren, dasse dich beim Bicken stikum beseibeln – und du laulone muckerst, dasse zu viel Lowi geschuckt hast. Und auch auffe Maloche musse mit Zahlen mänglowieren, egal ob du als Speismakeimer Backmänner bestellst, als Karomakeimer Knirften verscherbelst oder im Balachesenbeis Knete und Zaster zählst.

Wenn der Mathe-Tralli für dich längst abgepäst ist, kannze ja mindestens mal deinen Koten verknickern, dasse inne Penne bei Mathe mucker mitmachen. Damit sie da keine Hei bewirchen. Und später in Mathe mucker sind.

Der ***Internationale Tag der Mathematik*** *ist noch recht jung. Er wurde Ende 2019 von der UNESCO gemeinsam mit der Internationalen Mathematischen Union beschlossen und soll auf die besondere Rolle der Mathematik hinweisen.*

Malessen zwischen Schero und Tokus

Wennze morgens nicht weißt, wie du ausse Firche kommen sollst, wenn du deine Kaline rufen musst, damit sie dir die Masminen anzieht, und wenn du keine Zerche hegst, wie du in deinen Wuddi rein kommst und wie wieder raus – dann hasse „Rücken".

Nun haben die Seegers und Kalinen alle nicht nur Rücken, sondern auch Schero und Balg, Zomen und Mauken. Aber keiner käme auf die Idee, zu schmonseln „Ich habe Schero", wenn er Scheropiene hat, oder „Ich habe Balg", wenn er Malessen inne Plautze hat. Aber wenn er rakawelt „Ich habe Rücken", dann muckern alle gleich, dass er damit Malessen hat – also Rücken-Piene.

Da tut ein Tag der Rückengesundheit hamel tofte. Obwohl dieser Tag natürlich nicht nur für die Schauter und Schicksen gedacht ist, die Rücken haben, sondern auch für die, die keinen Rücken haben – also die, die zwischen Schero und Tokus keine Malessen hegen. Denen will dieser Tag verknickern, dass sie was für ihre Gesundheit makeimen müssen. Damit sie laulone Rücken kriegen …

*Der **Tag der Rückengesundheit** wurde 2002 vom Forum Schmerz im Deutschen Grünen Kreuz begründet. Mittlerweile wird er vom Bund Deutscher Rückenschulen und der Aktion Gesunder Rücken organisiert.*

Weltschlaftag (März)

Pooflosigkeit ist jackes

Das ist endlich mal ein Tag, wo man tofte mitmachen kann, ohne dasse viel labern, makeimen oder schanägeln musst: Weltpooftag. Einfach inne Firche schemmen, Decke über die Lauscher ziehen – und dann poofen. Das ist eine tofte Gelegenheit, wie man mal ratzend und schnarchend aktiv werden kann.

Der Weltpooftag will allen verknickern, wie wichtig es ist, dass alle Schauter und Schicksen genug firchen. Denn wennze nicht genug poofst und beispielsweise nicht ausgefircht zur Maloche kommst, kann das hamel jackes werden. Zerchen-Seeger haben ausbaldowert, dass Pooflosigkeit allein bei uns inne deutsche Bendine jährlich 60 Milliarden Dollar – so schmust sich die Ami-Knete – kostet.

Aber wennze zu viel poofst, ist natürlich auch nicht so tofte. Keine Zerche, wie viele Dollars uns plete böschen, weil verschnarchte Seegers oder Kalinen irgendwas verpennen.

Übrigens: Wer nach dem Weltpooftag immer noch nicht ausgefircht ist, der bewircht noch eine zweite Chance. Am 21. Juni ist Tag des Firchens – ausgerechnet an dem Tag, an dem die Nacht so kurz ist, dasse kaum zum Poofen kommst …

*Der **Weltschlaftag,** 2008 vom Weltverband der Schlafmedizin ausgerufen, findet immer am Freitag vor dem Frühlingsanfang statt. In Deutschland wurde ein **Tag des Schlafes** bereits im Jahre 2000 von einer gleichnamigen Initiative eingeführt, er findet am 21. Juni statt. Beide Tage wollen auf die besondere Bedeutung des Schlafes aufmerksam machen.*

Frühlingsanfang (19.–21. März)

Zeit für kurze Plinten

Wenn im März der Tag und die Nacht gleich lange aufm Osnik rumpäsen, dann ist der Winter plete geböscht – und der Frühling kommt endlich ausm Quark. Viele Schauter und Schicksen fühlen sich dann ein bisschen nerbelo. Manche sind ohne Schmackes und kommen kaum noch ausse Firche raus. Die Zerchen-Seeger schmusen das Frühjahrsmüdigkeit. Andere spüren ein jovles Kribbeln im Balg und kneistern, ob sie nicht eine oder einen dibbern, mit dem sie techtelmechteln könnten. Die Zerchen-Seeger schmusen das Frühlingsgefühle. Und die, die schon vergasselt sind, lassen ihren Schmackes im Beis los. Die Zerchen-Seeger schmusen das Frühjahrsputz.

Als Koten haben wir früher nie in den Kalender gedibbert, wann der Winter zu Ende ist. Frühlingsanfang war, wenn wir endlich wieder mit kurzen Plinten draußen rumpäsen durften. Und wichtig war, dass man der erste im Ker war, der mitte kurzen Bosse ausm Beis kam. Und genießen konnte, wie die anderen baff dibberten – und dann flennend nach Beis teilachten, um ihre Mama zu verknickern, dass sie nun unbedingt auch die Sommerplinte ausm Schapp holen sollte.

*Der astronomische **Frühlingsanfang** fällt auf die erste Tag-und-Nacht-Gleiche des Kalenderjahres; sie findet am 19., 20. oder 21. März statt.*

Der den Koten hamel Jontef macht

Schon mal was vonne „eierlegende Wollmilchsau“ gemuckert? Das ist so’n Viech, von dem Knäbbels schon mal träumen, wenn sie nachts nicht poofen können. Denn damit könnten sie hamel Reibach machen. Erst könnten sie die Eier verscherbeln, dann die Milch verscheuern, später die Wolle verschachern – und am Ende mit der Bose vom Schassörken noch mal hamel Lowi beim Katzow machen ...

Aber bislang hat niemand so eine „eierlegende Wollmilchsau“ gedibbert. Obwohl so was Ähnliches alle Jennikes im Frühjahr auch bei uns inne Bendine rumpäst: Ein schummes Jebbero, das sich Osterhase schmust. Ömmes. Musse dir mal reinziehen: Das ist ein Hase, der nicht nur Eier makeimt, sondern sie auch noch anmalt und verkalibort, der überdies Süßkram verschenkt, der den Koten hamel Jontef macht und der am Ende auch noch einen toften Sonntagsbraten abgäbe ...

Aber noch hat kein Seeger jemals einen Osterhasen in die Pfanne gedellt und verspachtelt. Denn das hat der mit der eierlegenden Wollmilchsau gemeinsam: Er wurde noch nie gedibbert.

***Ostern** ist ursprünglich ein christliches Fest, die Christen feiern an diesem Tag die Auferstehung Jesu Christi. Das Brauchtum mit dem Osterhasen hat sich erst in den letzten Jahrhunderten ausgebildet. Das Osterfest findet frühestens am 22. März statt und spätestens am 25. April.*

Fummelei am Osnik

Alle Jennikes wieder der gleiche Schlamassel: Wenn deine Kaline (oder dein Macker) am letzten Sonntag im März morgens bölkt „Aufstehn, Schokelamai is fertig!" liegst du noch müde inne Firche und spürst so'n mieses Gefühl, das die Zerchen-Seeger ausse Luftwuddi-Branche Jetlag schmusen – als wennse dir nachts eine Stunde geschort hätten. Und genau das ist passiert: Während du friedlich inne Poofe vor dich hin penntest, hamse den Osnik einfach eine Stunde vorgestellt. Denn der letzte Sonntag im März ist der Tag der Zeitumstellung – der Osnik wird umgestellt auf Sommerzeit, wie sich das schmust.

Irgendwelche Zerchen-Seeger haben das mal ausbaldowert. Mit der Zeitumstellung, so haben sie uns verknickert, könne man eine Menge Schmackes und Schotter sparen. Denn wennze am Osnik drehst, bleibt es abends länger hell und du brauchst keine Funzeln.

Wenn der Sommer plete böscht, päst das Ganze rückwärts. Am letzten Sonntag im Oktober musse dem Osnik verknickern, dass jetzt wieder Winterzeit ist oder Normalzeit oder wie sich das sonst schmust.

Inzwischen haben andere Zerchen-Seeger allerdings ausklamüsert, dass mit Osnik-Fummelei nicht viel zu sparen ist. Und nachdem bei einer Umfrage in den EU-Bendinen 84 Prozent der Seegers und Kalinen geschmonselt haben, man sollte die Zeitumstellung wieder abschaffen, ist das eigentlich beschlossene Sache. Aber nun hegen die Obermacker keine Zerche, ob der Osnik dann auf Sommerzeit oder Winterzeit päsen soll.

Übrigens: Die beiden Tage vor den Umstellungs-Sonntagen im März und im Oktober könnte man auch Tage der Scheropiene schmusen. Denn da zerbrechen sich viele Schauter und Schicksen alle Jennikes wieder den Schero, ob sie nachts nun eine Stunde mehr poofen können – oder weniger.

*Die **Zeitumstellung** von der Normalzeit auf die Sommerzeit findet am letzten Sonntag im März statt, dann wird die Uhr um eine Stunde vorgestellt. Die Rückkehr zur Normalzeit wird am letzten Sonntag im Oktober vollzogen. Das EU-Parlament hat sich 2019 für eine Abschaffung der Zeitumstellung ausgesprochen, über das Wann und Wie gibt es bislang aber keine Einigung.*

Auffe Lapane genommen

Am 1. April musse immer besonders mucker sein, damit du nicht vereimert oder auffe Lapane genommen wirst. Denn es gibt jede Menge Schauter und Schicksen, die an diesem Tag gerne mal den Figinenköster machen und dich in den April schicken – wie sich das schmust, wenn jemand dir Tinnef labert und du darauf reinfällst.

Kann sein, dass einer dir verklickert: „Du, deine Plinte hat ja ein schummes Loch!“ Und wennze dann deine Zomen bedibberst, um das Loch zu bekneistern – dann beömmelt er sich und bölkt: „April, April!“

Manchmal macht sogar die Tagesfleppe mit. So war es beispielsweise 1971, als der neue Zoo, der Allwetterzoo, makeimt wurde. Die Maloche dauerte viel länger als geplant, die Backs für die Tiere wurden und wurden nicht fertig. Und an einem 1. April stand dann in den WN, der alte Zoo am Aapani müsse nun plete böschen und die alten Kabachen würden abgerissen. Deshalb würden neue Kabachen für die Tiere gesucht. Wer Platz im Beis oder im Garten hege, solle sich melden. Und tatsächlich schmusten viele dem Zoo, dass sie einen Affen, einen Flattermann oder ein Hängebauchschassörken aufnehmen wollten. Und ein Nobelseeger aus dem Münsterland strunzte sogar, in seinem Park sei Platz genug für einen Elefanten …

Ein andermal ging's um das Leezenchaos am Scharett. Die Tagesfleppe meldete, dass alle in der Bendine abgestellten Knetemänner eingesammelt würden und anschließend im Scharett unter den Mottek kämen. Maschemau, da gab's mal hamel Brassel. Bei der Tagesfleppe und bei der Kaffmänglowation meldeten sich haufenweise erboste Schauter und Schicksen, die Muffe um ihre Leeze hatten …

*Der **Aprilscherz** hat eine lange Tradition. Schon seit mehreren hundert Jahren ist es Brauch, am 1. April andere Leute hereinzulegen, zum Narren zu halten und in den April zu schicken. Wie dieser Brauch entstanden ist, ist nicht bekannt.*

Tag des deutschen Bieres (23. April)

Lowine zur Morgenachile

Das ist mal ein Tag, den viele Masemattenfreier hamel jovel finden. Am 23. April ist Tag der deutschen Lowine. Da brauchen die meisten Hegels nicht lange zu überlegen, ob sie mitmachen sollen. Stattdessen rakawelen sie einfach: Prost. Ömmes!

Und wenn die Kaline sich wundert, dass ihr Macker schon zur Morgenachile ne Lowinen-Finne ausm Kühlschapp holt, dann verknickert er ihr gerne, er pichele an diesem Tag laulone aus Jontef, sondern für das Reinheitsgebot. Und viele teilachen sogar extra inne Kaschemme, um dort schickernd für die deutsche Wirtschaft zu wullacken.

Aber am Ende des Tages mosert so mancher Macker, ein Tag sei eigentlich viel zu wenig. Warum, so rakawelte Masemattenfreier Venti am Tresen seiner Stammkaschemme, haben die nicht mal ne „Woche der deutschen Lowine" mänglowiert? Er würde da auf jeden Fall mitschickern, ähh mitmachen.

*Der **Tag des deutschen Bieres** wurde im Jahre 1994 vom Deutschen Brauer-Bund ins Leben gerufen. Dass die Brauer dafür den 23. April ausguckten, ist dem bayrischen Herzog Wilhelm IV. zu verdanken – der im Jahre 1516 an diesem Tag das legendäre bayrische Reinheitsgebot erließ.*

WALPURGISNACHT (30. APRIL)

Schickern, bis der Mai kommt

Hexen – das sind Anims, die hamel Zerche hegen von Figine und Fiole. Es gibt schofle Hexen, wie die Knusperbeis-Kaline, die Hänsel und Gretel gechappt hat, und es gibt tofte Hexen, wie Bibi Blocksberg, die mit ihrem Besen Matrelenbrei durch die Bendine düst. Es gibt Hexen, die roinen so schofel ausse Kowe, dass dir schon die Muffe geht, wennze die nur dibberst. Und es gibt Hexen, die roinen so schucker aus, dasse vom Bekneistern schon ganz kolone wirst.

Da musse dich nicht wundern, wenn Masemattenfreier keine Zerche hegen, ob sie in der Walpurgisnacht mal gerne dibbern möchten, wie die Hexen blanko auf einem Besenstiel oder Zossen übern Blocksberg päsen, oder ob sie hamel Muffensausen hegen, dass die Hexen ihnen den Schero verdrehen und sie in den Schlamassel führen.

Damit hatte übrigens schon der Seeger Stress, der sich Faust schmuste, als er in der Walpurgisnacht auf dem Blocksberg schmonselte: „Welch eine Wonne! Welch ein Leiden! Ich kann von diesem Blick nicht scheiden." Hätte Goethe Masematte rakawelt, dann hätte Faust wohl gelabert: „Jovel oder schofel – ist egal, kneistern muss ich allemal."

Vermutlich ist das auch der Grund, warum viele Seegers in der Walpurgisnacht statt auf den Blocksberg lieber in ihre Stammkaschemme schemmen und sich dort einen schickern, bis der Mai kommt.

*Die **Walpurgisnacht** war ursprünglich die Nacht vor dem Fest der hl. Walburga. Traditionell gilt die Walpurgisnacht als die Nacht, in der sich die Hexen auf dem Brocken zu Tanz und anderen Umtrieben treffen.*

Weniger wullacken, mehr Knete

Der 1. Mai schmust sich Tag der Maloche. Aber wer jetzt meint, an diesem Tag wird hamel schanägelt, der ist auf der Kaschstrehle – oder auf dem Holzweg, wie manche schmusen, die von Masematte keine Zerche hegen. Denn an diesem Tag malocht kaum einer. Weil Feiertag ist.

Sicher, morgens wird oft noch vonne Maloche gelabert. Meist ist es so, dass ein Polit-Hegel oder ein Obermacker von der Mischpoke, die sich Gewerkschaft schmust, eine Rakawele hält – und dann beispielsweise schmonselt, dass die Malocher weniger wullacken und mehr Knete bewirchen sollten. Oder dass sie inne Firma mehr mitlabern sollten.

Aber wennze dann mal so durch die Bendine schemmst, dann könnze auch meinen, es wäre der Tag der Leeze. Denn jede Menge Schauter und Schicksen juckeln mit dem Knetemann über die Strehlen. Viele haben noch so'n kotenen Bollerwuddi dabei mit ner Kiste Lowinen und ner Finne Schabau. Und manche auch noch nen Grill und Bezinnum. Roint laulone so aus, als ob die zur Maloche wollten …

*Der **Tag der Arbeit** am 1. Mai ist ein gesetzlicher Feiertag. Seinen Ursprung hat er in den USA, wo 1886 an diesem Tag ein folgenschwerer Streik stattfand. In Deutschland gab es ab 1890 am 1. Mai Streiks, Arbeitskämpfe und sogenannte „Maispaziergänge", 1919 wurde er erstmals als Feiertag begangen.*

Wenn es was zu picheln gibt …

Der Vatertag ist ein Tag für die Seegers – aber eigentlich nur für die, die Koten haben und sich deshalb Vater schmusen dürfen.

Der Vatertag, wie er hierzulande mänglowiert wird, soll Ende des 19. Jahrhunderts in der Berliner Bendine ausbaldowert worden sein – und zwar von den Lowinerien. Und wie man heute dibbert, haben die das nicht ohne Grund ausklamüsert. Denn an diesem Tag machen die Kneipen und Kaschemmen und damit auch die Lowinerien hamel Reibach.

Für viele Seegers ist der Vatertag nämlich Anlass, sich mit anderen Seegers zu treffen, gemeinsam loszuschemmen oder loszujuckeln – und sich ordentlich zu beschickern. Wennze dir die Seegers aber mal genauer bekneistert, muckerste übrigens tacko, dass das laulone nur Väter sind, die den Vatertag feiern. Tja, wenn es was zu picheln gibt …

*Der **Vatertag** findet in Deutschland am Fest Christi Himmelfahrt statt, das meistens auf einen Donnerstag im Mai fällt. Seine heutige Form bekam er Ende des 19. Jahrhunderts im Raum Berlin – auf Initiative dort ansässiger Brauereiunternehmen …*

Muskeln und Masselhormone

Schmergeln ist gesund, rakawelt die Volksgosche. Und das nicht nur, weil beim Schmergeln 80 Muskeln am Malochen sind. Sondern auch, weil Schmergeln tofte wirkt gegen Stress. Und weil beim Schmergeln Masselhormone ausgeschüttet werden, die sich Endorphine schmusen. Besonders jovel ist das Schmergeln, wennze dabei am Flennen anfängst – also wenn dir vor lauter Jontef das Pani inne Döppen steigt. Deshalb ist es echt jovel, dass irgendwelche Yoga-Seegers irgendwann den Weltlachtag ausbaldowert haben.

Allerdings fragt sich der Masemattenfreier schon, ob man eigentlich auf Kommando schmergeln kann. Normalerweise ist es doch so, dasse erst hamel Jontef hegst und dann darüber schmergeln musst. Aber päst das auch umgekehrt? Dasse am Weltlachtag einfach mal schmergelst – und das so jovel findest, dasse Jontef hast?

Maschemau, wennze so darüber nachdenkst, muckerste ja schon, dass die Masselhormone langsam am Krabbeln anfangen, oder?

*Der **Weltlachtag** wurde von der Yoga-Lachbewegung initiiert, die weltweit in mehr als 6000 Lachclubs organisiert ist. Er fand erstmals 1988 statt und soll Gesundheit, Glück und Frieden fördern.*

Nicht anne Plinte abputzen …

Am Tage hei im Mai ist der Tag der feinen Feme. Da verknickern sie dir, dasse dir mal hamel die Femen waschen sollst. Aber naturlich nicht nur im Mai, sondern auch an allen anderen Tagen. Wieso der Tag ausgerechnet am 5.5. begangen wird? Na, weil du an jeder Feme hei Finger hegst.

Die Sauberseegers und Hygienehegels, die den Tag der feinen Feme 2009 ausbaldowert haben, hegten noch keine Zerche, dass der ein paar Jennikes später mal hamel rauskommen würde. Schuld daran waren die kotenen Mini-Viecher, die sich Viren schmusen.

Als Corona durch die Käffer päste, konnze plötzlich in jeder Fleppe dibbern, dass und wie du dir die beseibelten Femen waschen sollst – vor allem, wennze aufm Schont warst, im Garten malocht hast oder mit dem Finger im Zinken gepult hast. Und viele Seegers mussten da erstmal muckern, dass man wegen dem, was sich Hygiene schmust, zum Femenwaschen auch Seife nimmt. Und dass man die Femen nicht hinterher einfach anne Plinte abtrocknet …

Der ***„Welttag der Handhygiene“*** *wurde 2009 von der Weltgesundheitsorganisation (WHO) ausgerufen. Er propagiert das regelmäßige und gründliche Waschen der Hände und soll so dazu beitragen, die Ausbreitung von Infektionskrankheiten zu verhindern.*

MUTTERTAG (ZWEITER SONNTAG IM MAI)

Mehr Blumen bicken

Saßen mal zwei Blumen-Verscherbeler in einer Kaschemme zusammen, pichelten ein paar Lowinen – und klagten über die Masematten. „Zu wenig Reibach", rakawelte der eine. „Die Leute bicken einfach nicht genug Blumen", laberte der andere. Man müsste, da waren sich die beiden Seegers einig, mal was ausbaldowern, „dass die Leute mehr Blumen bicken". Und so wurde der Muttertag ausklamüsert.

Ist natürlich Tinnef. Es war vielmehr eine Ami-Kaline, die den Muttertag ausbaldowert hat. Sie wollte in ihrer Tiftel einen Gedenktag mänglowieren, nachdem ihre Mutter gepeigelt war. Und kam dann auf die Idee, man müsste eigentlich einen

Gedenktag für alle Mütter makeimen. Und das alle Jennikes. Das Anim konnte damit immer mehr Seegers und Kalinen belabern, viele fanden das tofte. Und ein paar Jennikes später wurde der Muttertag von den Amis tatsächlich zum Feiertag erklärt.

Und wann kam der Muttertag nach Deutschland? Nochmal ein paar Jennikes später. Bei uns inne Bendine wurde er erstmals 1923 gefeiert – mänglowiert vom Verband deutscher Blumenmasematter. Also doch …

*Der **Muttertag** wurde von einer amerikanischen Methodistin begründet – die zunächst einen Gedenktag für ihre verstorbene Mutter gestaltete und daraus einen offiziellen Muttertag entwickelte. 1914 wurde der Muttertag in den USA als nationaler Feiertag proklamiert und 1923 in Deutschland vom Verband deutscher Blumengeschäftsinhaber eingeführt.*

Wie der Geist über die Schauter kam

Pfingsten ist wie Ostern, nur 50 Tage später. Und deshalb schmust es sich auch so. Kein Jontef: Das Wort Pfingsten leitet sich von einem Wort ausse Griechen-Rakawele ab, das „der fuffzigste" (Tag) bedeutet. Doch davon hegt kaum einer eine Zerche, außer vielleicht denen, die auffe Penne Griechisch büffeln mussten. Aber das rointe sicher ganz anders aus, wenn mehr Leute beim ersten Pfingsten ambach gewesen wären.

Denn in der schummen Fleppe, die sich Bibel schmust, da steht, dass Pfingsten der Geist über die Schauter kam, die Jesu folgten. Er rointe aus wie Jack, der sich auf ihren Scheros niederließ – und plötzlich konnten alle in verschiedenen Rakawelen labern. Mein Opa ist nicht ambach gewesen, aber er kannte einen, der einen kannte, der gehört haben will, einige Seegers hätten damals auch Masematte gelabert ...

Keine Zerche, ob das stimmt. Aber was bestimmt stimmt: Es haben laulone alle was abbekommen vom Geist. Und das kannze heute noch muckern. Wenn man zum Beispiel an den Trampel denkt, der Obermacker bei den Amis war. Oder an andere Obermacker, die keine Zerche hegen, was sie tun sollen, damit die Schauter und Schicksen in ihrer Firma oder ihrer Bendine sich tofte fühlen. Oder an viele von denen, die sich Querdenker schmusen. Da kannze tacko muckern, wie wichtig Pfingsten auch heute noch ist.

***Pfingsten** ist ein christliches Fest. In der Apostelgeschichte heißt es, dass der Geist an diesem Tag über die Jünger kam. Ein Brausen habe das Haus erfüllt, und es seien Zungen wie von Feuer erschienen, die sich auf jeden von ihnen niederließen: „Und alle wurden vom Heiligen Geist erfüllt und begannen, in anderen Sprachen zu reden, wie es der Geist ihnen eingab.“ Der früheste Termin für Pfingsten ist der 10. Mai, der späteste der 13. Juni.*

Weltnichtrauchertag (31. Mai)

Zichten sind Sargnägel

Der Weltnichtrauchertag ist eigentlich gar nicht für die Laulonequarzer gedacht. Sondern vor allem für die Fluppen-Freier – also um denen das Quarzen abzugewöhnen, die nicht auffe Zichte verzichten können.

Dabei haben es die Quarzer ohnehin schon schwer genug. Jedes Mal, wenn sie sich eine Zichte in die Gosche schieben, müssen sie schofle Sprüche auf der Packung dibbern. Quarzer peigeln früher, steht da etwa. Zichten sind Sargnägel. Fluppen machen mulo. Oder so ähnlich.

Hinzu kommt, dass die Fluppen-Freier ja ohnehin kaum noch irgendwo qualmen dürfen. Und manche können es nicht mal mehr im eigenen Beis, weil ihre Kaline ihnen verknickert hat, dass sie keinen Qualm inne Kabache duldet. Die stehen dann abends auf dem Balkon mit der Fluppe in der Feme – und manchmal, wenn es gerade am Miegen ist, auch noch mit Maimelbremse in der anderen Feme.

Es soll ja schon Wohnungsanzeigen geben, die sich direkt an solche Quarzer wenden. Da steht dann: Kabache mit kimmel Kabuffs, Küche, Schont und Fluppen-Freier-Vorbau.

*Der **Weltnichtrauchertag** (31. Mai) wurde 1987 von der Weltgesundheitsorganisation (WHO) ins Leben gerufen, um über die Gefahren des Tabakkonsums aufzuklären und für geeignete Gegenmaßnahmen zu werben.*

WELTBAUERNTAG (1. JUNI)

Malochen für die Achile

Es gibt viele Schauter und Schicksen, die bekneistern die Knäbbels ein bisschen von oben herab. Knäbbels – das sind für sie Seegers, die mit Poren und Schassors in einem Beis leben, die söjen Tage inne Woche malochen müssen, die mit beseibelten Klamotten rumpäsen und die ihre Mauken in Holzmasminen stecken.

Und Anims, so labern sie, hätten mit Hachos sowieso nix am Obermann. Warum sonst würde im Kneisterkasten extra nach Knäbbeltrinen gesucht – mit einer Sendung, die sich „Knäbbel sucht Kaline" schmust.

Dabei vergessen sie, dass sie ohne Knäbbels vermutlich hamel Roof schieben müssten. Denn die Knäbbels mänglowieren fast alles, was zum Frengeln aufn Tisch kommt – nicht nur Matrelen und Grünachile, sondern auch Bose und Bezinnum.

Sie schucken uns zudem das Getreide, aus dem die Karomakeimer die Knirften fabrizieren. Und auch den Hopfen, aus dem man tofte Lowinen mänglowieren kann.

Deshalb wurde der Weltknäbbeltag ausklamüsert. Damit die Schauter und Schicksen mal muckern, was so ein Knäbbel oder Kneis, Chalo oder Hacho für sie malocht …

*Der **Weltbauerntag** wurde in Verbindung mit der Weltausstellung Expo 2000 in Hannover ins Leben gerufen und im Jahre 2002 von der UNESCO als offizieller Aktionstag übernommen. Er soll daran erinnern, dass die Bauern weltweit für die Erzeugung von Lebensmitteln sorgen.*

Der Seeger mit dem Bohrer

Kein Jontef: Den „Ich-liebe-meinen-Zahnarzt-Tag" gibt es wirklich. Aber warum? Nix gegen Goschenschmarrer – wennze mal Malessen mitte Heiers hegst und auch noch Piene hast, schemmste sogar fast schon gerne hin. Aber muss man die denn auch noch lieben?

Hand auffe Pumpe. Was passiert denn bei den Goschenschmarrern? Erst legen sie dich aufs Kreuz, dann fummelt der Seeger dir mit nem Haken inne Gosche rum, ein Anim saugt die Spucke ab. Und dabei stellen sie dir auch noch Fragen, auf die du laulone antworten kannst, weil du wegen der Malocherei zwischen deinen Heiers so was wie ne Maulsperre hast. Und wennze keinen Massel hegst, dann hat der Schmarrer plötzlich auch noch nen Bohrer in der Feme. Und ne Spritze – die dir erst die Bose inne Gosche zusammenzieht und dir anschließend eine schiefe Schmiege macht.

Und den sollze lieben?

Der Masemattenfreier stellt sich da bes Fragen.

Erstens: Ist das womöglich nur ein Tag für Anims, die ein Techtelmechtel mit einem Goschenschmarrer haben?

Zweitens: Und was überhaupt ist, wenn der Goschenschmarrer ein Anim ist?

Der internationale ***„Ich-liebe-meinen-Zahnarzt-Tag"*** *wird am 2. Juni begangen. Er soll einerseits die Prävention von Zahnerkrankungen fördern – und andererseits die Patienten ermuntern, sich auch mal bei ihrem Zahnarzt zu bedanken.*

Die Knetemann-Metropole

Keine Zerche, wer den Leezentag ausbaldowert hat – aber in der Masemattenbendine an der Aa ist man sicher, dass es ein Anim oder ein Seeger aus Münster gewesen sein muss. Schließlich gilt dieses Kaff seit vielen Jennikes als Knetemann-Metropole – und die Leeze als spezielles Fortbewegungsorgan der hier lebenden Schauter und Schicksen.

Wennze keine Zerche hegst, was die Leeze für das Kaff bedeutet, brauchste nur einmal zur Promenade zu schemmen. Das ist der Knetemann-Kreis, der rings um die Zitti führt. Seit es die Schmackes-Leezen gibt, wo das Tempo nicht nur ausse Zomen kommt, sondern auch noch ausm Akku, roint es hier aus wie auffe Tackostrehle. Vor allem, wenn die Penne aus ist oder die Maloche, päsen hier Hunderte von Leezen, Knetemännern und Trampeljönern um die Wette. Und wehe, wenn dann noch zwei Anims meinen, sie müssten beim Joggen auffe Strehle teilachen, damit auch alle ihre neue Fitness-Kowe bedibbern können ...

Oder du schemmst einfach mal zum Scharett, wo Deutschlands schummstes Leezenbeis steht. Das hat Platz für 3300 Knetemänner. Und ist fast immer voll, so dass jetzt auf der anderen Scharettseite noch ein Leezenbeis makeimt wurde. Und das Tollste an den Backs, die sich Radstationen schmusen: Du muckerst nix davon – rund um den Scharett ist weiterhin Leezen-Chaos.

Der ***Europäische Tag des Fahrrads*** *wurde 1998 eingeführt. Er soll angesichts zunehmender Verkehrsprobleme durch motorisierte Fortbewegungsmittel darauf aufmerksam machen, dass das Fahrrad ein besonders umweltfreundliches und gesundes Fortbewegungsmittel ist. Seit 2018 gibt es auch einen Weltfahrradtag, der als offizieller UN-Tag gilt.*

Poofen kannze später

Wennze morgens im Kalender dibberst, dass da „Sommeranfang“ steht, dann kommt hamel Jontef auf. Zum einen, weil du dann muckerst, dass jetzt die jovelste Zeit des Jahres beginnt, wo der Lorenz für tofte Chamine sorgt. Und zum anderen, weil das der längste Tag des Jahres ist. Und den sollte man nutzen, um was Toftes oder Jovles zu makeimen.

Da kannze beispielsweise mal inne Plümpse teilachen und ins Pani springen. Oder dich einfach auffe Wiese fläzen und vom Lorenz verwöhnen lassen.

Da kannze auch auf deine Leeze steigen und mal ein bisschen durch die Bendine juckeln, um zu dibbern, ob deine Pumpe und deine Zomen noch genug Schmackes hegen.

Oder du schemmst in einen Lowinengarten, um da mit deinen Kumpels ne tofte Lowinenprobe zu mänglowieren. Oder um mit deine Kaline eine Schawele Kribbelpani zu picheln.

Ömmes! Irgendwas sollte man am längsten Tag des Jahres unbedingt makeimen. Poofen kannze noch im November.

*Der astronomische **Sommeranfang** wird durch die Sommersonnenwende und den längsten Tag des Jahres markiert. Er findet am 20., 21. oder 22. Juni statt.*

Ferienbeginn (Juni/Juli)

Dollars aufm Zeugnis

Für uns Koten war es früher der tofteste Tag des Jahres: Im Schweinsgalopp vonne Penne nach Beis gepäst. Dann den Tonni mit den Schulfleppen tacko irgendwo unterm Schapp versteckt, so dass man ihn die nächsten Wochen nicht mehr dibbern konnte. Ferienbeginn.

Manchmal stand Mama schon ungeduldig vorm Beis, wenn man vonne Penne kam. „Mach tacko", laberte sie dann, „wir wollen gleich losjuckeln. Erst aufn Schont, dann Femen waschen und Heiers putzen." Papa hockte schon im gepackten Wuddi und zog ungeduldig an der Fluppe.

Die erste Viertelstunde war immer noch schofle Öhme im Wuddi – zuviele Dollars aufm Zeugnis. Ganz mies war es in dem Jahr, als der Pauker meinte, er müsse eine Hei in Latein vergeben. Da verkasematuckelte Mama schon im Wuddi, dass ab jetzt täglich Vokabeln gepaukt würden – und fing gleich hinter Dortmund damit an. „Von Dortmund bis Schwerte" wird gebüffelt, hatte Mama rakawelt. Und dann stand unser Wuddi auch schon im Stau.

Bruno, der kotene Bruder, der noch zum Kotenbeis schemmte, fragte alle hei Minuten: „Wann sind wir da?" Und als Papa ihm verknickerte, er solle jetzt mal endlich die Gosche halten, fing er am Flennen an. Was insofern ganz tofte war, weil Mama sich dann um ihn kümmerte und die Vokabeln aus den Jackis verlor.

Doch als Bruno aufhörte mit Flennen, hatte Mama schon wieder die Lateinfleppe inne Feme. Da musste man Bruno leider einmal kräftig am Tokus kneifen, damit er weitermachte mit Plannigen.

Dass es am Ende doch noch ein tofter Tag wurde, lag an dem Knäbbelbeis, das Mama uns gemietet hatte. Da gab's nicht nur einen Bolzplatz, sondern auch etliche andere Koten, so dass wir gleich mit Flemmen loslegen konnten.

Der ***Ferienbeginn*** *– gemeint ist hier der Beginn der Sommerferien, die die Schüler auch gerne „große Ferien" nennen – liegt in Nordrhein-Westfalen im Juni oder Juli.*

Siebenschläfer (27. Juni)

Ein mieses Omen

Als es noch keine Tagesfleppen und keinen Kneisterkasten gab, da haben sich die Knäbbels ihre Wettervorhersage selbst makeimt. Die schmuste sich Knäbbelregel. Und hörte sich etwa so an: Im Juli will der Knäbbel schwitzen und nicht hinterm Ofen sitzen. Hat der Lorenz keinen Bock, schemmt die Ernte wohl am Stock. Oder: Stürmt's und maimelt's im Mai, dann ist der April vorbei.

Eine besondere Knäbbelregel gibt's für den 27. Juni, den Söjenpoofertag. Die schmust uns, dass das Wetter, dasse an diesem Tag dibberst, söjen Wochen bleibt – vor allem, wenn es maimelt. Dann sollen söjen Wochen Pani folgen. Und Seegers, die Zerche davon hegen, die rakawelen, dass diese Knäbbelregel laulone Tinnef ist.

Und so hört sich das dann bei den Hachos an: Hast du am Söjenpoofer nasse Zomen, ist das schon ein mieses Omen. Wenn Söjenpoofer Pani fällt, gibt's söjen Wochen nasses Feld. Oder: Hast du an Söjenpoofer Regen-Frust, maimelt's sicher bis August.

Übrigens: Es war nicht der 27. Juni, sondern ein 28. Juli, und zwar im Jahre 2014, als es in Münster gleichzeitig maimelte, miegte und plästerte. Und das woff oder söjen Stunden lang. In jeder Stunde maimelte es fast so viel wie sonst in einem ganzen Monat. Und am Ende stand das ganze Kaff im Pani.

Die Seegers und Kalinen trauten ihren Döppen nicht. Gullydeckel schwoften auf dem Pani, in den Unterführungen soffen Wuddis ab, manche Strehle wurde zur Öle – und auf dem

Spiekerhof juckelte ein Strigo mit ner Luftmatratze die Strehle runter. Anschließend hatten viele eine Plümpse im Keller. Später schmuste man das ganze Jahrhundertmaimel.

Gut, dass das nicht am Söjenpoofertag passiert ist. Wenn's diesen Supermaimel nicht nur sieben Stunden, sondern sieben Wochen gegeben hätte …

Der ***Siebenschläfertag*** *hat einer alten Bauernregel zufolge große Bedeutung für die Großwetterlage der kommenden Wochen. Wenn es an diesem Tag Regen gibt, so heißt es, müsse man mit sieben nassen Wochen rechnen.*

Linkshändertag (13. August)

Nicht das tofte Femchen

Anno Tobak hatten Linksfemer hamel Brassel. Schon als Koten wurde vielen immer wieder geschmust, sie sollten doch das tofte Femchen nehmen. Wenn sie das nicht taten, gab's Stoof und manchmal sogar Mackes. Und in der Penne wurde den Koten sogar mal die linke Feme unter der Bank festgezurrt, weil sie alles nur mit der rechten Feme makeimen sollten. Viele Koten haben damals hamel geflennt. Und sich später gewundert, wenn sie beim Schreiben hegten, was andere eine Sauklaue schmusten.

Linksfemer haben auch Brassel bei der Maloche. Beispielsweise mit Plotten, Scheren oder Maschinen. Die sind meisten für Rechtsfemer makeimt. Und wennze da als Linksfemer mit malochst, musse hamel mucker sein, dasse dir nicht inne Feme burkst.

Keine Zerche, ob es am Linksfemertag liegt – aber im Laufe der Jennikes hat sich einiges gebessert. In der Penne wird keinem Koten mehr die Feme festgebunden. Und wennze genug Lowi inne Feme nimmst – egal in welche –, kannze dir auch Extra-Plotten oder -Scheren für Linksfemer bicken.

Aber trotzdem haben die Linksfemer noch immer Malessen. Beispielsweise wenn einer mal einen Kumpel auffe Strehle dibbert und ihm zur Begrüßung die linke Feme hinhält. Entweder bekneistert der den Linksfemer, als wenn der meschugge wär. Oder er labert irgendwelchen Stuss. Etwa so: „Ist die rechte Feme machulle? Warst wohl mal wieder pegelschicker und hast dich auffe Schmiege gelegt …"

Und dann müssen wir noch mal über die StVO labern – über die Fleppe, mit der geregelt wird, wer wie auffe Strehle rumpäsen darf. Denn da kannze als Linksfemer nur nen Rochus kriegen, wennze muckerst, was da steht: rechts vor links.

*Der **Internationale Linkshändertag** wurde 1976 von dem Amerikaner Dean R. Campbell ins Leben gerufen, um auf die besonderen Probleme und Bedürfnisse von Linkshändern aufmerksam zu machen.*

Was Koten tofte fänden

Wennze keine Zerche hegst, wasse am Weltkotentag mit deinen Koten machen sollst, kannze ja hier mal dibbern, was die Koten tofte fänden. Also:

Die Koten fänden es sicher jovel, wenn sie mehr Chattenmoos bewirchten. Du könntest den Koten also mal zusätzlich Moos schucken – aber nicht bloß Kotenmoos.

Die Koten fänden es auch jovel, wenn es am Weltkotentag Geschenke gäbe. Je nachdem, wieviel Jennikes sie zählen, könntest du ihnen einen Puppenwuddi, eine Maukenasse, eine Leeze oder einen Fernlenk-Wuddi bicken.

Vielleicht könntest du deinen Koten mal versprechen, dass du das nächste Mal nicht gleich kolone wirst, wenn sie mit ner Hei aus der Penne nach Beis kommen. Vor allem, wenn du selbst ein „Heiermann" warst – also ein Strigo, der auffe Penne hamel oft eine Hei bewircht hat.

Oder wie wär's, wenn du deinen Koten einfach mal einen Tag schulfrei schuckst? Da reicht doch eine kotene Fleppe, auf der du dem Pauker verknickerst, dass dein Koten heute den Kotentag feiert. Schließlich ist der Kotentag in der Bendine, die sich Thüringen schmust, ohnehin schon ein Feiertag …

*Der **Weltkindertag** wurde am 21. September 1954 initiiert, als die 9. Vollversammlung der UNO ihren Mitgliedsstaaten die Einrichtung eines weltweiten Kindertages empfahl. Sein Ziel ist es, auf die besonderen Bedürfnisse der Kinder aufmerksam zu* *machen und die Kinderrechte zu fördern. In Deutschland wird er am 20. September begangen, in Thüringen ist er sogar ein gesetzlicher Feiertag.*

HERBSTANFANG (22.–24. SEPTEMBER)

Lorenz in Kurzmaloche

Dieser Tag schmust sich Herbstanfang. Aber man könnte auch von Sommerende rakawelen. Denn das ist der Abschied von der schuckeren Jahreszeit, die sich Sommer schmust.

Der Lorenz schemmt in Kurzmaloche, die Wolken sammeln schon mal Pani für den Novembermaimel und bald päst auch der erste Herbststurm durch die grauen Strehlen.

Die Lorenzcreme und die Plümpskowe kannze jetzt wieder ins Schapp packen, die kurzen Plinten und die toften Tops ebenso. Stattdessen dibber ruhig schon mal im Keller, ob die Maimelbremse noch da ist. Und wo sind eigentlich die Fememasminen?

Da kannze dich zum Trost nur selbst belabern – mit dem Satz, den auch die Schauter und Schicksen gerne schmonseln, die schon hamel tofel sind: Auch der Herbst hegt noch tofte Tage.

Der astronomische ***Herbstanfang*** *wird durch die zweite Tag-und-Nacht-Gleiche des Jahres bestimmt, sie findet in unseren Breiten am 22., 23. oder 24. September statt.*

Tag des deutschen Butterbrotes
(Ende September)

Karo und Knirfte

Die deutschen Schauter und Schicksen sind echte Karo-Weltmeister, nirgendwo sonst auf der Welt werden so viele Karo-Sorten makeimt und achilt. Kein Wunder, dass es hier auch den Tag der Knirfte gibt – der sich offiziell Tag des deutschen Butterbrotes schmust.

Knirften frengelt man hierzulande meist morgens und abends. Und manchmal auch zwischendurch – beispielsweise wennze ne Knirfte mit inne Penne oder auffe Maloche nimmst.

Auffe einfache Knirfte kommt nur Butter – oder die Proletenbutter, die sich Margarine schmust. Aber wennze genug Lowi hegst, dann kannze das Karo auch mit Käse, Schinken oder Bezinnum veredeln.

Ob die Knirfte jackes und jovel ist oder nicht, darüber zoffen sich die Zerchen-Seeger wohl noch. Einerseits schmust die Volksgosche, jemand habe was „für ein Butterbrot“ bewircht, wenn es hamel besolt war. Andererseits schmust die Volksgosche, wenn jemand hamel Massel gehabt hat, er sei auf die Butterseite gefallen. Was eigentlich ein bisschen meschugge ist. Denn wenn die Knirfte auf die Butterseite fällt, ist das ja eher schofel – erst recht, wenn auch noch Marmelade drauf war.

Der ***Tag des deutschen Butterbrotes*** *wurde 1999 von der Centralen Marketing-Gesellschaft der deutschen Agrarwirtschaft (CMA) eingeführt, er findet immer am letzten Freitag im September statt.*

Übrigens: Die CMA wurde 2009 aufgelöst, der Butterbrot-Tag besteht weiterhin.

Keine Bose frengeln

Heute sollze keine Bose frengeln. Nix vonne Pore und vom Schassörken. Nicht mal was vom Zossen. Und auch laulone mit Kachelin und Jebbero. Am besten nur Knirften und Grünachile. Denn heute ist Veggie-Tag. Und Anims oder Seegers, die Veggies sind, die haben mit Bose nix am Obermann.

Die meisten Veggies achilen laulone Bose, weil sie meinen, dass das tofte für ihren Balg ist – also dass sie mit Grünachile nicht so tacko Malessen mitte Pumpe bewirchen oder sich ne schumme Plautze anfrengeln.

Andere denken mehr an die Beheime. Sie wollen nicht, dass Poren oder Schassors peigeln müssen, damit sie als Schnitzel oder Bezinnum aufm Teller landen.

Und wieder andere frengeln Spinat fürs Klima. Weil Zerchen-Seeger ihnen geschmust haben, dass für die Beheime mehr Bendine gebraucht wird als für Matrelen und Grünachile. Und dass Poren mehr Schofelgase ausrülpsen als Porree und Pastinaken.

Wennze selbst keine Zerche hegst, ob du als Veggie taugst, kannze das heute ja mal ausprobieren. Hasse schon mal Blumenkohlschnitzel oder Tofu-Bezinnum gespachtelt?

*Der **Weltvegetariertag,** 1977 von der Nordamerikanischen Vegetarier-Gesellschaft initiiert und im Jahr darauf von der Internationalen Vegetarier-Union übernommen, soll auf die Vorzüge der fleischlosen Ernährung aufmerksam machen – und die Menschen animieren, sich zumindest an diesem Tag mal vegetarisch zu ernähren.*

Halloween (31. Oktober)

Mit Horror-Kowe

Wer glaubt, das Trallafitti mit der Kürbis-Funzel, das sich Halloween schmust, sei hier inne Bendine ein altes Brauchtum, der ist auffe Kaschstrehle. Es wurde, wie so mancher andere Tinnef auch, aus der Bendine auf der anderen Seite des schummen Panis importiert.

Zunächst waren es vor allem die Koten, die einen auf Halloween gemacht haben. Sie zogen von Beis zu Beis und bölkten dann „Süßes oder Saures". Sollte heißen: Entweder ihr schuckt uns Süßkram oder wir machen irgendwelchen Stuss. Manchmal war der Stuss hamel schofel – wenn die Strigos etwa die Türen beseibelt oder Kaugummi inne Schlösser geschmiert haben.

Dann haben auch die Ischen und Hegels Halloween entdeckt. Manche nehmen lang Lowi inne Feme, um sich irgendwelche Hexen- oder Horror-Kowe zu bicken, mit der sie auf Halloween-Partys Furore machen können.

Der tofele Masemattenfreier fragt sich allerdings, warum die Koten nicht einfach weiterhin Lambertus- oder Martins-Schallern feiern. Und warum die Schauter und Schicksen nicht zum Karneval schemmen. Das alles ist mindestens so tofte wie Halloween. Und hier ausse Bendine.

Halloween *stammt ursprünglich aus Irland. Das Brauchtum am Vorabend von Allerheiligen wurde später von irischen Auswanderern in die USA importiert und dort ausgebaut. In den 1990er Jahren schwappte Halloween auch nach Europa über.*

WELTSPARTAG (31. OKTOBER)

Heiermann vonne Oma

Sparen – das ist, wennze die Penunzen, die du auffe Maloche bewirchst, nicht gleich in die nächste Klamottenkabache oder Kaschemme bringst. Sondern ein bisschen Schotter beiseitelegst, damit du dann was hegst, wennze mal klamm mit Lowi bist. Oder wennze mal mehr brauchst, als deine Bewirche gerade hergibt, weil der Wuddi oder der Kneisterkasten kapores ist.

Früher war es so, dass die Koten das, was sie an Knete bekamen – das Chattenmoos oder hier mal nen Tacken von Papa, da mal nen Heiermann vonne Oma – in die Spardose oder ins Schotterschassörken steckten. Am 31. Oktober schemmten sie dann zum Balachesenbeis. Da wurde die Spardose geöffnet, das Lowi gezählt und aufm Sparbuch eingetragen. Außerdem gab's vom Balachesenbeis als Belohnung ein paar tofte Buntstifte, ein schuckeres Ratzefummel oder irgendein anderes Gedöns.

Und wenn die Koten ein Jahr später mit ihrer Spardose wieder zum Balachesenbeis schemmten, hatte sich das Lowi auf dem Sparbuch ganz stikum vermehrt. Sowas schmuste man damals Zinsen. Aber sowas kennen die Koten von heute ja gar nicht mehr …

*Der **Weltspartag** wurde im Oktober 1914 vom 1. Internationalen Sparkassenkongress beschlossen. Er findet jährlich am 31. Oktober (bzw. am letzten Werktag vor dem 31. Oktober) statt und dient der Förderung des Spargedankens.*

Echt Schonte

Wennze morgens inne Tagesfleppe oder im Kneisterkasten dibberst, dass heute Welttoilettentag ist, dann denkste doch erstmal „Ach, du tofte Schonte!“ Das hat ja gerade noch gefehlt, dasse jetzt auch noch mitlabern wollen, wie du dich beim Miegen oder Schonten anstellst.

Aber der Klotag wurde nicht für Seegers und Kalinen gemacht, die hierzulande in einem Beis mit Pani-Klosett wohnen. Und die möglicherweise sogar noch wählen können, ob sie das Sanitär-Kabuff oder den Gäste-Schont nehmen – und ob sie nach dem Schonten Klopapier chappen oder ob sie sich aufs Bidet setzen und den Tokus mit Pani bemaimeln.

Nein, der Welttoilettentag soll uns verkasematuckeln, dass es zu viele Schauter und Schicksen auf der Welt gibt, die sowas nicht hegen. Und wennze kein richtiges Schontebeis und kein fließendes Pani hegst – das ist echt Schonte.

*Der **Welttoilettentag** wurde 2001 von der Welttoiletten-Organisation ausgerufen und 2013 von den Vereinten Nationen übernommen. Sein Anliegen ist es, die weltweite Versorgung mit ausreichend hygienischen Sanitäreinrichtungen zu verbessern – auf die nach UN-Angaben noch rund 2,5 Milliarden Menschen verzichten müssen.*

Das schummste Schnäppchen

Wenn viele hamel Lowi raushauen, das sie laulone (über) haben, und Klamotten bicken, die sie laulone brauchen, an einem Tag, den sie laulone verkneisterfinken – dann ist Black Friday.

Masematter bei den Amis haben das ausbaldowert. Sie verknickern den Schicksen und Schautern, dass sie an diesem Tag alles besolter verscheuern, damit die Leute noch mehr bicken – und sie selbst noch mehr Reibach machen. In den USA kannze am Black Friday große Schlangen in den Bickstrehlen dibbern, immer wieder kommt es zu Brassel und Randale, weil alle das schummste Schnäppchen machen wollen.

Wer auf die Idee gekommen ist, dass man solchen Tinnef auch hierzulande braucht? Egal. Jedenfalls gibt es den Black Friday seit etlichen Jennikes auch bei uns inne Bendine. Dann hängen die Masematter Plakate in ihre Schaufineten, auf denen kannze „Sale“ und „Black Friday“ dibbern – und dasse an diesem Tag alles besolt bicken kannst.

So mancher beribbelt an diesem Tag so viel Lowi für Klamotten, die er laulone braucht, dass er am anderen Tag beim Blick in die Chatte muckern muss: Das war ein schwarzer Freitag für seine Patte …

Black Friday (Schwarzer Freitag) *wird in den USA der Freitag nach Thanksgiving genannt, das am vierten Donnerstag im November stattfindet. An diesem Tag wirbt der Einzelhan-*

del mit großen Rabattaktionen, er gilt zudem als Auftakt des Weihnachtsgeschäftes. Seit einigen Jahren findet der Black Friday auch in Deutschland statt, vor allem im Online-Handel.

Gegen den Bick-Tick

Es hört sich zwar nerbelo an. Aber wennze mal im Kalender kneisterst, dann kannze ihn wirklich dibbern – den Bick-nix-Tag. Also den Tag, an dem du nix bicken oder kindigen sollst.

Das Ganze wird uns verknickert als Protest gegen schumme Firmen und Mischpoken, die die Leute zum Bicken verführen und ihnen die Knete ausse Chatte ziehen. Aber auch als Kritik an den Schautern und Schicksen, die einen Bick-Tick hegen – die also alles bicken, was sie gerade tofte finden, ohne zu muckern, dass sie das vielleicht laulone brauchen. Und ohne daran zu denken, dass sie sowieso schon klamm mit Lowi sind und hamel was anne Malme haben.

Und nun stell dir vor, du teilachst eines toften Tages so durch die Zitti und dibberst in einer Schaufinete eine schuckere Staude – genau so eine, wie du sie schon lange haben wolltest. Du willst gerade in den Laden reinschemmen und dir die jovle Kowe bicken – da fällt dir ein, dass heute ja Kauf-nix-Tag ist.

Da wirst du wohl morgen noch mal in die Zitti päsen müssen …

*Der **Kauf-nix-Tag** wurde 1992 in Kanada erfunden und in den 2000er Jahren vom globalisierungskritischen Netzwerk Attac in Deutschland übernommen. Er versteht sich als Protest gegen die Handelsstrategien internationaler Konzerne und Finanzgruppen. Er wird am letzten Samstag im November begangen.*

Krimitag (8. Dezember)

Mispelwuddi auffe Mattscheibe

Wennze abends mal den Kneisterkasten anschmeißt und dann auf dem Ding rumburkst, das sich Fernbedienung schmust – dann könnze meinen, es sei jeden Tag Krimitag. Auf jedem zweiten Sender päst ein Mispelwuddi über die Mattscheibe oder ein Boofke fuchtelt mit nem Kamangeri rum, irgendwo ist immer „Tatort" und meistens kneisterst du irgendwo auch noch den Seeger, der sich Wilsberg schmust.

Und wennze hier im Kaff so durch die Zitti schemmst, dann könnze auch mal meinen, dass Krimitag ist – weil der Wilsberg, der Amateurmispel mit der zerknautschten Schmiege, da mit Eckis Wuddi rumjuckelt, weil Frank Thiel, der schumme Schachani ausm Tatort, da mitte Leeze rumpäst, oder weil Prof. Karl-Friedrich Boerne, der Zerchen-Seeger ausm Machullenpoofbeis, vor dem Ratbeis mal wieder den Kochumschonter gibt. Denn etliche von den Krimis, die du im Kneisterkasten dibbern kannst, die werden in Münster gedreht.

Der Krimitag hat jedoch laulone was mit Münster und dem Kneisterkasten zu tun. Er wird von den Seegers und Kalinen mänglowiert, die Krimis ausbaldowern und Krimifleppen mänglowieren. Aber wenn so ein Krimi richtig tofte ist, dann kann natürlich sein, dass er irgendwann doch im Kneisterbeis oder im Kneisterkasten landet …

*Der **Krimitag** wird seit 2011 vom Syndikat veranstaltet, dem Verband der deutschsprachigen Krimiautoren. Er soll dazu beitragen, den Kriminalroman als ernsthaften Teil der Literatur zu etablieren.*

Winteranfang (21./22. Dezember)

Mitte Leeze übers Pani

Wennze es bis jetzt noch nicht gemuckert hast: Heute ist Winteranfang und Ende mit Lorenz und Co. Nicht dass der Lorenz ganz plete böscht, aber ab jetzt ist er quasi in Kurzmaloche. Es ist also Zeit, die Wollsocken und den Winterkaftan, die Thermoplinte und die gefütterten Masminen ausm Schapp zu holen.

Obwohl der Winter auch nicht mehr so ist, wie die tofelen Masemattenfreier ihn kennen.

Wenn es nicht anno 2021 einmal heftigen weißen Maimel gegeben hätte, dann wüssten die Koten von heute doch laulone, wie das Zeug ausroint, das sich Schnee schmust.

Und wennze den Koten erzählst, dass früher im Winter Tausende über den Aasee geteilacht sind, weil er zugefroren war, und dass etliche Strigos sogar mitte Leeze übers Pani gejuckelt sind, dann bekneistern die dich als wennze meschugge wärst. Heute wundern sich die Koten ja schon, wennse mal kalte Mauken bewirchen …

*Der astronomische **Winteranfang** findet am 21. oder 22. Dezember statt. Er markiert zugleich den kürzesten Tag des Jahres.*

Sie legten den Koten in die Krippe

Weihnachten ist für viele der jovelste Tag im Jahr. Für die Koten, weil sie viele Geschenke bewirchen. Für die Seegers und Kalinen, weil sie nicht malochen müssen und tacko mal in Urlaub päsen können. Und für die Masematter, weil sie wegen der Schenkerei hamel Reibach machen.

Aber so mancher hegt gar keine Zerche mehr, dass Weihnachten eigentlich eine Geburtstagsfeier ist. Und das kam so:

Ein Seeger, der sich Augustus schmuste und vor mehr als 2000 Jennikes Obermacker in Rom war, der wollte die Schauter und Schicksen zählen lassen, die in seinen Bendinen lebten. Also verkasematuckelte er allen, sie müssten sich in ihrem Heimatkaff in Steuerlisten eintragen. Was für viele hamel Brassel mit sich brachte. Zum einen, weil sie zu ihrem Heimatkaff schemmen mussten. Und zum anderen, weil sie anschließend Steuerknete beschollen durften …

Josef, ein Fememalocher, musste zu dem Kaff scheften, das sich Bethlehem schmuste. Und mit ihm teilachte seine Kaline, die sich Maria schmuste und die gerade pattisch war. Als sie in Bethlehem ankamen, fanden sie kein Poofbeis, weil alle Firchen belegt waren. Schließlich dibberten sie eine alte Kabache, die eigentlich für Poren und Schafe gedacht war. Und ausgerechnet da kam dann der Koten zur Welt, den sie später Jesus schmusten. Weil sie keine Poofe und keinen Kotenwuddi hegten, legten sie ihn in eine Krippe, in der sonst die Achile für die Beheime war.

In der Bendine bei Bethlehem waren auch ein paar Knäbbels, die nachts auf ihre Beheime aufpassten. Als plötzlich ein Seeger in weißer Kowe mit einer schummen Funzel – sowas schmust sich Engel – vor ihnen stand, bewirchten sie hamel Muffensausen. Aber er schmuste ihnen: „Habt laulone More, freut euch. Denn ich kann euch verklickern, dass heute ein Koten geboren wurde, der der Retter ist. Ihr werdet ihn mit Windeln in einer Krippe finden." Dann kamen noch weitere Engel, die hamel schallerten – und plötzlich wieder plete böschten.

Und tatsächlich fanden die Knäbbels, wie der Engel ihnen geschmust hatte, den Koten in der Krippe. Als sie das gedibbert hatten, teilachten sie los und schmonselten allen, was sie in der Kabache gekneistert hatten und was ihnen der Engel über den Koten rakawelt hatte.

Später kamen auch noch drei kochume Obermacker aus der Morgenbendine und rakawelten: „Wo ist der König? Wir haben seinen Stern gedibbert und sind hierhin geschemmt, um ihm Geschenke zu schucken."

Und das ist vermutlich der Grund, warum sich die Seegers und Kalinen an diesem Tag auch heutzutage noch Geschenke schucken.

***Weihnachten** ist das Fest, mit dem die Christen die Geburt Jesu Christi feiern. Das Lukasevangelium berichtet, dass Josef und Maria wegen der Volkszählung nach Bethlehem zogen. Dort bekam Maria ihr Kind, das in einem Stall geboren wurde, weil in der Herberge kein Platz war.*

Silvester (31. Dezember)

Malessen mit dem Löffel

Silvester schmust sich der letzte Tag des Jahres. Da sind natürlich alle Schauter und Schicksen neugierig, was das neue Jahr so bringt. Und um das auszubaldowern, veranstalten manche etwas, das sich Bleigießen schmust. Und das päst so: Du nimmst eine Macke Blei, tust das auf einen Löffel, hältst den Löffel übern Jack – und wartest, bis das Blei flüssig ist. Und dann kippste das Blei in kaltes Pani.

Im Pani wird das Blei tacko wieder ganz hart und erstarrt in Formen, die meist ziemlich nerbelo ausroinen. Und dann brauchste eben einen Figinenköster, der sich diese Dinger bekneistert und den Leuten dann verkasematuckelt, was sie für das neue Jahr bedeuten.

Auch wennze laulone ans Bleigießen glaubst, kann man eins über den Seeger sagen, der den Löffel inne Feme hält: Er könnte im neuen Jahr Malessen mitte Gesundheit bewirchen. Denn Blei ist giftig.

Schmarrer empfehlen denn auch, zum Wahrsagen lieber Schokelamaisatz zu benutzen …

Silvester *ist der letzte Tag des Jahres. Ein beliebtes Brauchtum an diesem Tag ist das Bleigießen. Das Blei wird erhitzt und dann in kaltes Wasser gegeben, wo es sofort zu bizarren Formen erstarrt. Und die nutzt man, um sich als Wahrsager für das neue Jahr zu versuchen. Inzwischen ist Bleigießen allerdings verboten, weil es sich um ein giftiges Schwermetall handelt. Stattdessen nutzt man Zinn oder Wachs.*

Geburtstag (?)

Wohin mit der ganzen Sore?

Der Tag, an dem du zum ersten Mal die Funzeln dieser Welt geknispelt hast, den schmust man Geburtstag. Musse dir gut merken, denn er ist hamel wichtig – beispielsweise, wennze im Kneisterbeis in Filme ab 18 schemmen willst, wennze ne Fleppe bewirchen willst oder wennze gasseln willst. Und später auch wennze in Rente schemmst.

Für die Koten ist der Geburtstag besonders wichtig. Sie können kaum erwarten, dass sie endlich ein paar Jennikes tofeler werden und sich erwachsen schmusen können. Viele werden sogar so ungeduldig, dass sie schließlich hamel Hallas machen. Die Zerchen-Seeger schmusen das Pubertät.

Bei den Schautern und Schicksen ist es später genau umgekehrt, die wollen laulone tofeler werden. Und viele würden am liebsten immer rakawelen, sie seien 29 …

Mit den Geschenken ist es ganz ähnlich. Die Koten sind ganz wild darauf, dass sie zum Geburtstag viele Geschenke bewirchen – Puzzles und Puppenkabuffs, Assen und Fernlenkwuddis. Später roint das anders aus, wenn im Keller schon die Geschenke der vergangenen Jennikes verstauben. „Ich hege keine Zerche“, so laberte jüngst ein Seeger vor dem 60., „wo ich die ganze Sore bunkern soll.“

*Der **Geburtstag** ist der Tag der Geburt – und später der Jahrestag der Geburt. Ihn zu feiern, hat eine lange Tradition, die bis in die Antike zurückreicht.*

Von A bis Z

Die Masematte hat nur einen überschaubaren Wortschatz. Wer Geschichten erzählen will, gerät da schnell an seine Grenzen. Deshalb enthält dieses Glossar auch zahlreiche (meist zusammengesetzte) Wörter, die in den letzten Jahrzehnten neu „erfunden" wurden.

A

Aapani .... Aawasser, Aasee
Achile .... Essen
achilen .... essen
ambach .... los, hier, da, dabei
Anim .... Frau, Mädchen
Asse .... Ball
ausbaldowern .... erkunden, ausdenken, erfinden
ausgefircht .... ausgeschlafen, clever
ausklamüsern .... ausdenken, herausfinden
ausroinen .... aussehen

B

Backmann .... Stein
Backs .... Haus, Gebäude
baff .... erstaunt, überrascht, sprachlos
Balachesen .... Geld
Balachesenbacks .... Bankhaus
Balachesenbeis .... Geldhaus, Bank
Balg .... Leib, Körper

Bambonum .... Ärger, Streit, Lärm
Beheime ....Vieh
Beis ....Haus, Zuhause
belabern ....besprechen, beratschlagen, überreden
Bendine .... Gegend, Land
beömmeln ....amüsieren
bes...zwei
beschen .... gehen, laufen, fahren
beschollen .... bezahlen
beseibeln .... beschmutzen, betrügen
besolt .... billig
Bewirche .... Lohn, Verdienst, Geschenk
bewirchen ....bekommen, erhalten
Bezinnum .... Wurst
bicken........................ kaufen, einkaufen
Bickstrehle..........................Einkaufsstraße
blanko .... nackt, pleite
blechen .... bezahlen
bölken ....rufen, schreien
Bollerwuddi ....Bollerwagen
Boofke .... Ganove
böschen .... gehen, laufen, fahren
Bose ....Fleisch
Bosse .... Hose
Bräse............................ Toilette, Klo
Bräseplinte ....Unterhose
Brassel .... Ärger, Trubel, Stress
burken .... drücken, schneiden, schlagen

C

Chalo .... Bauer, Landwirt
Chamine ....Wärme, Hitze
chamm .... warm, heiß
chappen .... ergreifen, fangen, schnappen

Chatte . . . . Tasche
Chattenmoos . . . . Taschengeld

D

dellen . . . . schlagen, prügeln
Dellzeug . . . . Schlagzeug
dibbern . . . . sehen, gucken
dollar . . . . vier
Doppelschero . . . . Doppelkopp
Döppen . . . . Augen

F

Feme . . . . Hand
Fememalocher . . . . Handwerker
Fememasminen . . . . Handschuhe
Figine . . . . Angeberei, Täuschung, Schau, Theater
Figinenköster . . . . Angeber, Betrüger, Schauspieler, Künstler
Finete . . . . Fenster
Finne . . . . Flasche
Fiole . . . . Angeberei, Aufschneiderei
Firche . . . . Bett
firchen . . . . schlafen
flemmen . . . . Fußball spielen
flennen . . . . weinen
Fleppe . . . . Papier, Führerschein, Zeitung, Buch
Fluppe . . . . Zigarette
Fluppen-Freier . . . . Raucher
Freier . . . . Mann, Kerl
frengeln . . . . essen
Funzel . . . . Licht, Lampe, Laterne

G

Gallach . . . . Priester, Geistlicher
gasseln . . . . heiraten

Golme .... Hose
Gosche .... Mund
Goschenschmarrer .... Zahnarzt
Grünachile .... Grünfutter, Gemüse

H

Hacho .... Bauer, Landwirt
Hallas .... Krach, Ärger, Unruhe
hamel .... viel, sehr, groß
Hegel .... Mann
hegen .... haben, besitzen
hei .... fünf
Heiermann .... Fünfmarkstück
Heiers .... Zähne

I

Ische .... Mädchen, Frau

J

Jack .... Feuer, Brand
jackes .... teuer
Jackis .... Augen
Jebbero .... Kaninchen
Jennikes .... Jahre
Jontef .... Spaß, Scherz, Freude
jovel .... gut, schön
juckeln .... fahren

K

Kabache .... Hütte, altes Haus, Raum
Kabuff .... Raum, Zimmer, Stall
Kachelin .... Huhn

Kaff . . . . .Dorf, Siedlung, Stadt
Kaftan . . . . Anzug, Mantel, Bekleidung
Kaline . . . . Frau
Kalinismus . . . . Feminismus
Kamangeri . . . . Schießeisen
kapores . . . . kaputt, entzwei
Karo . . . . Brot, Butterbrot
Karomakeimer . . . . Bäcker
Kasch . . . . Holz, Baum
Kaschstrehle . . . . Holzweg
Kaschemme . . . . Kneipe, Gaststätte, Wirtschaft
Katzow . . . . Metzger, Fleischer
Ker . . . . Haus, Gegend, Stadtviertel
kimmel . . . . drei
kindigen . . . . kaufen, einkaufen
klamm . . . . knapp, eng
Klamotten . . . . Kleider, Sachen
Klamottenkabache . . . . Bekleidungsgeschäft
Klein-Muffi . . . .Herz-Jesu-Viertel (Stadtviertel von Münster)
Knäbbel . . . . Bauer, Landwirt
Knäbbelbeis . . . . .Bauernhof
Knäbbelregel . . . . Bauernregel
Knäbbeltrine . . . . Bäuerin, Magd
Kneis . . . . Bauer, Landwirt
Kneisterbeis . . . . Kino
Kneisterkasten . . . . Fernseher
kneistern . . . . sehen, gucken, betrachten
Knete . . . . .Geld
Knetemann . . . . Fahrrad
Kniest . . . . Ärger, Streit, Dreck, Schmutz
Knirftchen . . . . Brötchen
Knirfte . . . . Brot, Butterbrot
knispeln . . . . sehen, gucken
kochum . . . . klug, gescheit, clever

Kochumschonter .... Klugscheißer
kolone .... verrückt, durcheinander
Koten .... Kind
koten .... klein
Kotenbeis.................... Kindergarten, Kita
Kotenbeis ....Kinderhaus (Stadtteil von Münster)
Kotenmoos .... Kleingeld, Münzen
Kotenwuddi .... Kinderwagen
Kowe .... Kleidung
Kowenmalocher .... Schneider
Kower............................... Wirt, Kellner
Kowerine .... Wirtin, Kellnerin
Kribbelpani .... Sprudel, Sekt
Kühlschapp .... Kühlschrank
kurant......................... hübsch, gut aussehend
Kurzmaloche............................. Kurzarbeit

L

labern .... reden, erzählen
Lapane .... Schüppe, Schaufel
Lapanenmalocher......................... Bauarbeiter
lau .... nichts, nein, kein
laulone .... nicht, nichts, nein
Laulonequarzer.......................... Nichtraucher
Lauscher .... Ohr
Lauschermalessen .... Ohrenschmerzen
Leeze .... Fahrrad
Lorenz .... Sonne
Lowi .... Geld
Lowine .... Bier
Lowinen-Finne .... Bierflasche
Lowinengarten .... Biergarten
Lowinerie .... Brauerei
Luftwuddi .... Flugzeug

M

machulle . . . . tot, kaputt
machullen . . . . verletzen, töten
Machullenpoofbeis . . . . Leichenschauhaus
Macke . . . . Stück, Teil
Macker . . . . Mann, Kerl
Mackes . . . . Prügel, Schläge
Maimel . . . . Regen
Maimelbremse . . . . Regenschirm
maimeln . . . . regnen, pinkeln
makeimen . . . . machen, arbeiten, schlagen
Malessen . . . . Probleme, Beschwerden
Malme . . . . Schulden
Maloche . . . . Arbeit
malochen . . . . arbeiten
Malocher . . . . Arbeiter
Mänglowation . . . . Verwaltung
mänglowieren . . . . . . herstellen, organisieren, bewerkstelligen
Maschemau . . . . Donnerwetter (Ausruf des Erstaunens)
Masematte . . . . Handel, Geschäft
Masemattenfleppe . . . . Masemattebuch
Masemattenfreier . . . . Händler, Gewerbetreibender
Masemattenfreier . . . . Masematte-Sprecher
Masematter . . . . Händler, Gewerbetreibender
Masmimen . . . . Schuhe
Massel . . . . Glück
Masselhormone . . . . Glückshormone
Masselschassörken . . . . Glücksschwein
Matrele . . . . Kartoffel
Mauken . . . . Füße
Maukenasse . . . . Fußball
Maukenschemmer . . . . Fußgänger
meschugge . . . . verrückt
miegen . . . . pinkeln, regnen

mies .... schlecht
Mischpoke .... Verwandtschaft, Sippe, Gesellschaft
Mispel .... Polizei
Mispelfinger .... Möhre
Mispelwuddi .... Streifenwagen
Moos .... Geld
More .... Angst, Sorge
Morgenachile .... Frühstück
Morgenbendine .... Morgenland
Mottek .... Hammer
mucker .... klug, schlau, aufmerksam
muckern .... merken, bemerken, verstehen
Muffe .... Angst, Sorge
Muffensausen .... Angst, Sorge
mulo .... tot, kaputt

N

nerbelo .... verrückt
Nobelseeger .... vornehmer Mann, Adeliger

O

Obergallach .... Bischof, Papst
Oberkaline .... Leiterin, Chefin
Obermacker .... Leiter, Chef
Obermann .... Hut
Öhme .... schlechte Luft, dicke Luft
Öle .... Kanal
ömmes .... jawoll, klar, fürwahr, tatsächlich
Osnik .... Uhr

P

palavern .... reden
Pani .... Wasser, Tränen
Pani-Klosett .... Wasserklosett, WC

päsen .... laufen, rennen, fahren
Patte .... Tasche, Portemonnaie
pattisch..............................schwanger
pegelschicker............................volltrunken
peigeln .... sterben
Penunzen.................................Geld
peseln...........................laufen, fahren
pesen .... laufen, rennen, fahren
picheln................................. trinken
Piene .... Schmerzen
pieren.................................. trinken
plannigen............................... weinen
plästern .... regnen
Plautze .... Bauch
plete böschen .... abhauen
plete .... weg, fort, verschwunden
Plinte .... Hose
Plotte .... Messer
Plümpse.......................Bad, Badeanstalt
plümpsen............................... baden
Plümpskowe ....Badebekleidung
Polit-Hegel........................... Politiker
Ponum .... Gesicht
Poofbeis ....Hotel, Herberge
Poofe .... Bett
poofen .... schlafen
Pooflosigkeit .... Schlaflosigkeit
Pore .... Kuh

Q

quarzen .... rauchen

R

Rakawele .... Sprache, Rede, Gespräch

rakawelen .... sprechen, reden, erzählen
Randale .... Lärm, Ärger
Ratbeis .... Rathaus
ratzen .... schlafen
Reibach .... Gewinn, Verdienst
Rochus .... Zorn, Wut
roinen .... sehen, gucken
Röllekes .... Augen
Roof .... Hunger
rumpäsen............................rumlaufen

S
Schabau .... Schnaps
Schachani............................... Polizist
schallern .... singen
schanägeln .... arbeiten
Schanele.................................. Pfeife
Schapp .... Schrank
Scharett .... Bahnhof
schasken .... trinken
Schassor................................ Schwein
Schassörken .... Schweinchen
Schaufinete .... Schaufenster
Schauter .... Mann, Kerl
schauwe .... gut, wertvoll
Schawele .... Flasche
scheften .... gehen, laufen
schemmen .... gehen, laufen
scherbeln .... gehen, laufen
Schero .... Kopf
Scheropiene................... Kopfschmerzen
schicker .... betrunken
schickern .... trinken
Schickse .... Frau

Schlamassel . . . . Ärger, Pech, Chaos
Schmackes . . . . Kraft, Energie
Schmackeskabache . . . . Fitnessstudio
Schmackes-Leeze . . . . E-Bike
Schmarrer . . . . Arzt
schmergeln . . . . lachen, lächeln
Schmiege . . . . Gesicht, Miene
schmonseln . . . . sagen, reden, erzählen
schmusen . . . . nennen, reden, sprechen
Schock . . . . Send, Jahrmarkt
schofel . . . . schlecht, übel
Schokelamai . . . . Kaffee
Schont . . . . Toilette
Schonte . . . . Scheiße
Schontebeis . . . . Scheißhaus, Toilette
schonten . . . . scheißen
schoren . . . . klauen, stehlen, wegnehmen
Schotter . . . . Geld
Schotterschassörken . . . . Sparschwein
schucken . . . . geben, zahlen, bezahlen
schucker . . . . schön, schick
schumm . . . . dick, groß, fett
Schumm . . . . Kuss
schwofen . . . . tanzen
Seeger . . . . Mann, Kerl
söjen . . . . sieben
Söjenpoofertag . . . . Siebenschläfertag
Sore . . . . Ware, Zeug
spachteln . . . . essen
Speismakeimer . . . . Bauarbeiter, Maurer
Staude . . . . Hemd, Bluse
stikum . . . . heimlich, still
Stoof . . . . Ärger, Streit
Strehle . . . . Straße

Strigo .... Junge, junger Mann
Strotte .... Hals, Kehle
strunzen .... angeben
Stuss .... Quatsch, Unsinn

T

Tacken .... Groschen, zehn Pfennig
tacko .... schnell
Tackostrehle .... Schnellstraße, Autobahn
Tagesfleppe .... Tageszeitung
Techtelmechtel .... Flirt, Verhältnis
techtelmechteln .... flirten, knutschen
teilachen .... gehen, laufen
Tiftel .... Kirche
Tinnef .... Quatsch, Blödsinn, wertloses Zeug
tofel .... alt
tofte .... gut, schön, prima
Tokus .... Gesäß, Hintern
Trallafitti .... Spaß, Spektakel
Tralli .... Zug, Bahn
Trampeljöner .... Fahrrad
Tut .... Milch

U

Untermeier .... Unterhemd

V

vergasselt .... verheiratet
verkaliboren .... verstecken
verkasematuckeln .... erklären, schlagen, trinken
verklickern .... erzählen, erläutern, erklären
verkneisterfinken .... verstehen, begreifen
verknickern .... erzählen, erläutern, erklären
vermasseln .... verderben

verschachern .... verkaufen
Verscherbeler .... Verkäufer
verscherbeln .... verkaufen
verscheuern.................................. verkaufen
verspachteln .... essen, vernaschen
Volksgosche .... Volksmund

W

woff .... sechs
Wuddi .... Wagen, Auto
wullacken .... schwer arbeiten

Z

Zaster .... Geld
Zerche .... Ahnung, Wissen
Zerchen-Seeger....................... Experte, Professor
Zichte .... Zigarette
Zinken .... Nase
Zoff................................... Streit, Ärger
zoffen .... streiten, ärgern
Zomen .... Beine
Zossen .... Pferd